BERLINER GRÜN
Band 1

Martin Kleinlosen, Jürgen Milchert

BERLINER KLEINGÄRTEN

ISBN 3-87061-357-2

Martin Kleinlosen, Jürgen Milchert

Berliner Kleingärten

BERLIN VERLAG
Arno Spitz

CIP-Titelaufnahme der Deutschen Bibliothek
Berliner Kleingärten / Martin Kleinlosen ;
Jürgen Milchert. – Berlin : Berlin Verl.
Spitz, 1989
(Berliner Grün ; Bd. 1)
ISBN 3-87061-357-2
NE: Kleinlosen, Martin [Mitverf.]; Milchert,
Jürgen [Mitverf.]; GT

Fotosatz: Studio Marion Klüter, Berlin 44

Umbruch: Arnold Harttung, Berlin Verlag

Druck: Peter Proff GmbH, 8130 Starnberg
Bindung: Binderei Dieter Mikolai, Berlin 10

BERLIN VERLAG Arno Spitz * Pacelliallee 5 * 1000 Berlin 33

Inhalt

Bildnachweis

Die Fotografien ohne Quellenangabe entstammen dem Archiv der Autoren. Die mit dem Namen Otto Haeckel oder Gebr. Haeckel bezeichneten Bilder hat das Archiv Lehmann, Berlin-Steglitz, freundlicherweise zur Verfügung gestellt. An den mit Verlag W. Waechter GmbH oder Rolf-D. Bathe bezeichneten Fotos hat dieser das Copyright; sein Archiv ist in Berlin 37, Sprungschanzenweg 90 a.

VORWORT

Martin Kleinlosen und Jürgen Milchert haben mit diesem Buch über die Kleingärten eine verdienstvolle Arbeit geleistet. Wer – wie ich – gerade in diesen Wochen ein Buch von Goethe als Gartenfreund gelesen hat, den Gärten in Weimar, an der Ilm und am Frauenplan über 50 Jahre seines Lebens begeisterten, konnte beim Lesen dieses Manuskripts vieles wiederfinden. Das Betrachten, das Pflanzen, das Ziehen, das Bearbeiten von Pflanzen, Bäumen und Blumen, wie auch das Anbauen von Wein und Gemüse brachten ihm und seinen immer wieder begeisterten Gästen auch eine schmackhafte und gesunde Ernährung.

In diesem Buch wird die Geschichte des Kleingartenwesens in all ihren Facetten dargestellt. Als Kleingärtner, Gartenfreund und Züchter, aber auch als ehemaliger Senator für Bau- und Wohnungswesen, bei dem damals (1975-1981) auch das Grün zu Hause war, sage ich den Autoren und dem Verleger Dank für dieses Buch.

Ich füge einige Sätze, eher Grundsätze hinzu: Der Kleingärtner hat in Berlin eine weitaus größere Bedeutung als in anderen Städten. Die geteilte Stadt, die immer noch vorhandene – wenn auch durchlässiger gewordene – Mauer, geben unseren Kleingärten auch die Funktion der Naherholung für einige hunderttausend Menschen. Sie stellen grüne Oasen, saubere Luftschneisen in einer besonders umweltgefährdeten Stadt dar. Unsere Kleingärten müssen in ihrem jetzigen Bestand erhalten bleiben.

Natürlich brauchen wir dringend Arbeitsplätze; aber 1960 hatten wir 360.000 industrielle Arbeitsplätze und heute haben wir 165.000. Was soll der Unsinn mit weitflächigen Grün-fressenden Industrie-Anlagen mit immer weniger Arbeitsplätzen? Wenn schon Subventionen, dann eben Subventionen für mehrgeschossige Bauten.

Und zu guter Letzt eine persönliche Bemerkung: Wer in einem Kleingarten oder Garten arbeitet und sich daran auch freut, lebt zehn Jahre länger.

Harry Ristock

Berliner Kleingärtner feiern vor industriellem Hintergrund. Foto: Kiermeir

VORBEMERKUNG

Die Kleingartenkolonien kann man sich aus dem Stadtbild Berlins – aus dem Flugzeug oder beim Spaziergang besehen – nicht hinwegdenken. Hoffentlich! Effektivere Flächennutzungen ragen bedrohlich ringsherum.

Und nicht nur aus wirtschaftlicher Sicht gibt es Vorurteile: Viele setzen 'Kleingärtner' gedankenlos mit 'Kleinbürger' gleich; 'geistiger Kleingärtner' und 'Kleingärtnermentalität' sind Schmähausdrücke in politischen und intellektualistischen Auseinandersetzungen. Im Gartenzwerg sehen manche ein Symbol für eine verhaßte 'spießbürgerliche deutsche Gemütlichkeit'. – Vielleicht ist die Postmoderne auch über solche Selbstgefälligkeiten und Überheblichkeiten schon hinweggegangen. Jedenfalls sind die Berliner, die auf ihre Freude am Gärtnern und dem nachbarschaftlichen Miteinander im Grünen nicht verzichten wollen, stolz, zur Gruppe der Berliner Gartenfreunde zu gehören. Für viele ist das 'Schrebergärtnern' eine praktische Lebensphilosophie, die der Familientradition entstammt.

Die Geschichte ihrer Kleingartenkolonie hat sich eng verbunden mit der persönlichen Lebensgeschichte. Sie fühlen sich als Mitglieder einer Gemeinschaft, die oft genug ihre kleinen Paradiese gegenüber Abrißdrohungen verteidigen mußte. In vielen Kleingartengebieten ist eine Gartenkultur lebendig, die Berlin nicht nur im Bewußtsein der Gartenfreunde zur Laubenpieperstadt werden ließ. Das Kleingartenwesen gehört zur Volkskultur und zum Lebensgefühl dieser Stadt.

Für viele unserer Mitbürger, die sich kein Haus mit Garten leisten können, bietet allein der Kleingarten eine Möglichkeit, im und mit dem Grün zu leben. Viele verlagern sommertags ihren gesamten Alltag in den Kleingarten, der dann zur grünen Wohnung wird. Die Attraktivität des Kleingartenwesens ist auch an den langen Bewerberlisten ablesbar: viele Tausend Berliner möchten sich den Wunsch nach einem Kleingarten möglichst rasch erfüllen und müssen doch lange Wartezeiten und beträchtliche finanzielle Opfer in Kauf nehmen, bevor sie die ersten Tomaten im eigenen Garten pflanzen können.

Dieses Buch ist entstanden aus unserer jahrelangen wissenschaftlichen und gutachterlichen Beschäftigung mit dem Berliner Kleingartenwesen. Was zunächst wissenschaftlichem Interesse entsprang, verband sich zunehmend mit persönlicher Sympathie für die Gartenkultur des “kleinen Mannes”. Deshalb soll das Buch, das die Geschichte des Berliner Kleingartenwesens nachzeichnet und aktuelle Daten zur gegenwärtigen Situation anführt, dazu beitragen, vorhandene Vorurteile gegenüber dem Kleingartenwesen abzubauen. Angesichts der aktuellen Diskussionen um den neuen Berliner Flächennutzungsplan, der für viele Kleingartenkolonien das Aus bedeuten würde, wurde versucht, die Qualität des Berliner Kleingartenwesens zu analysieren. Damit sollen den Gartenfreunden Argumentationshilfen und den Politikern und Planern Entscheidungshilfen gegeben werden. Bei aller Parteilichkeit für das Kleingartenwesen haben wir deshalb auch nicht versäumt, auf Fehlentwicklungen und Probleme hinzuweisen.

Danken möchten wir allen, die an der Entstehung dieses Buches beteiligt waren: Zuallererst unserem Verleger Arno Spitz, der dieses Buch mit viel persönlichem Engagement betreute. Des weiteren möchten wir den Kolleginnen und Kollegen danken, die mit uns an Forschungsvorhaben und Gutachten zum Berliner Kleingartenwesen beteiligt waren. Nicht vergessen werden sollen die vielen Gartenfreundinnen und Gartenfreunde, die uns in zahlreichen Gesprächen angeregt haben, dieses Buchvorhaben zu realisieren.

Martin Kleinlosen
Jürgen Milchert

Kolonie Trendelenburg. Foto: Rolf D. Bathe

WIE DAS GRÜN NACH BERLIN KAM
Die Geschichte des Berliner Kleingartenwesens

"Aber solltest Du erst durch Gassen und Thore Dich windend
Zu dem Garten gelangen, wohl oft gedrängt auf dem Wege;

Besser wäre es wohl, er käme zu Dir und gesellte
Deinem Hause sich zu, so könntest Du jegliche Stunde
Selbst im häuslichen Kleide leicht seiner Freuden genießen,
schnell vom Garten zum Hause, vom Haus zum Garten Dich wendend,
Von der Arbeit erfrischt, von der Erfrischung zur Arbeit, hättest Du so ein Stückchen aus frischer Natur Dir geschnitten.

Darum such' zum Hause den Garten, Kindern besonders,
Giebt er zum fröhlichen Spiel den stets willkommenen Schauplatz,
Ihrem Leibe zugleich erquicklich, erfreulich den Sinnen,

Zu dem Garten such ich den Brunnen mit reichlicher Quelle
Ihn zu tränken, wenn Hitze des Sommers schädlich ihn trocknet".

Zu Anfang des 19. Jahrhunderts war Berlin noch eine Gartenstadt, in der jedes Bürgerhaus von einem Garten geschmückt wurde. Kleingärten als Teil der öffentlichen Freiraumplanung waren überflüssig, weil die bäuerliche Produktion vorherrschte.

In spätklassizistischem Stil beschreibt der Dichter Johann Jacob Wagner 1850 die Idylle des Hausgartens. Doch diese Idylle war nicht von langer Dauer: Bereits 1871 hatten nur noch 40 % der bewohnten Grundstücke einen Haus- oder Vorgarten, 1895 sank die Zahl auf 30 %. Nur 1,7 % aller Berliner Haushalte verfügte über einen Garten.

Dieser Vernichtung der Hausgärten fällt in eine Zeit, in der durch die miserablen Wohnbedingungen die Sehnsucht nach einem Stückchen Grün, nach einem Garten, den die Zuwanderer von ihrem ländlichen Vorwohnsitz noch kannten, wuchs.

Die Geschichte des deutschen Kleingartens beginnt in Kiel und Leipzig im ersten Drittel des 19. Jahrhunderts mit den sogenannten Familiengärten. Dies waren Kleingärten, die von Bewohnern einzelner Häuserblöcke in der Nähe des Wohnortes selbst bewirtschaftet oder an Privatleute bzw. Vereine verpachtet wurden.

Die älteste Kolonie errichtete die Stadt Leipzig bereits im Jahre 1832 zur Unterstützung der ärmsten Bevölkerung. Diese Anlage umfaßte insgesamt 151 Gärten, von denen jeder 1.152 Quadratstellen, das sind 369,5 qm groß war. Für die Errichtung der Anlage wurden 300 arbeitslose Handwerker beschäftigt. Der Pachtvertrag belief sich zunächst auf 15 Jahre, der jährlich zu entrichtende Zins betrug drei Taler.

Auch wenn das Kleingartenwesen nicht in Berlin entstand, so sollte sich diese Stadt zu Beginn des 20. Jahrhunderts doch rasch zur Kleingartenmetropole entwickeln.

Die Entstehungsgeschichte des Berliner Kleingartenwesens ist eng mit der industriellen Entwicklung zwischen 1871 und der Jahrhundertwende verbunden. In diesem Zeitraum wurde Berlin mit einem riesigen Zustrom Arbeitssuchender vom Lande konfrontiert. Die Schaffung von Wohn- und Freiräumen wurde zu einer der dringendsten kommunalen Aufgaben. Allein in den Jahren zwischen 1880 und 1900 wuchs die Bevölkerung in Berlin um 750.000 auf 1.900.000. Der furchtbare, ja katastrophale Wohnungsmangel führte zur Herstellung zehntausender menschenverachtender Mietskasernen.

Um 1900 gab es fast genau so viele lichtlose und enge Hinterhaus- wie Vorderhauswohnungen. Die auf ein Gebäude entfallende Bewohnerzahl war in Berlin doppelt bis dreifach so hoch wie in vergleichbaren deutschen Großstädten. 1911 registrierte man in Berlin eine Million überfüllte Wohnungen, in denen sich 600.000 Menschen drängten. Durchschnittlich mußten sich mehr als vier Menschen ein beheizbares Zimmer teilen.

Sehr anschaulich beschreibt *Elli Richter* 1930 die Lebenssituation der meisten Berliner zur Jahrhundertwende:

“Größere Gärten finden wir später fast nur noch in den Villenvororten für die wohlhabendere Bevölkerung, nicht in den Wohnbezirken des ärmeren Teils, der dieselben aus hygienischen und wirtschaftlichen Gründen weit dringender braucht, da seine Wohnungsverhältnisse zum größten Teil sehr unzulänglich sind.

Der vorherrschende Wohntyp ist die Mietskaserne, die eine Menge von Menschen auf engem Raum in engen Wohnungen zusammenpfercht. Diese Wohnungen, besonders die Hofwohnungen, haben niemals ausreichend Licht und Sonne, und die Temperatureinflüsse wirken übermäßig ... Während der wärmeren Jahreszeit findet selbst in der Nacht keine Abkühlung statt. Die Luft ist in den Wohnungen schwül, mitunter unerträglich und gesundheitsschädlich. Der Aufenthalt in der Mietskaserne während der Sommermonate ist noch mit besonderen Nachteilen verbunden. Durch die Ausstrahlung der hohen Mauern während des Abends und in der Nacht entsteht eine geradezu erdrückende Atmosphäre, die die Bewohner aus ihren Wohnungen treibt, die Schlafzeit in gesundheitswidriger Weise verkürzt und das Wirtshausleben entsprechend fördert.

Überhaupt erweckt die Mietskaserne das Gefühl der Heimatlosigkeit in ihren Bewohnern. Von einem Hausfrieden ist dort keine Rede. Jeder ist auf Schritt und Tritt dem Zwang der Berührung mit der Nachbarschaft ausgesetzt. Die Gemeinschaft mit Schlafleuten bringt weitere Unzuträglichkeiten bei den beschränkten Raumverhältnissen mit sich. Schließlich fehlt jede Freifläche, die eine Bewegung außerhalb der vier Wände gestattet ...

Daß die Unzuträglichkeit dieser Wohnform eine schwere Gefahr, besonders für die Volksgesundheit und Volksmoral bildet, ist genugsam bekannt und bereits des öfteren nachgewiesen worden, so daß sich eine weitere Darstellung hier erübrigt. Das Fehlen leicht erreichbarer Frei- und Erholungsflächen bedeutet neben den schlechten Wohnverhältnissen eine empfindliche Einschränkung des Lebensraumes. Besonders die Kinder wachsen ohne genügend Platz, Licht, Luft und Sonne auf, werden bleichsüchtig, schwächlich und selten leistungsfähig. Die Bevölkerung, teilweise noch vom Lande zugewandert, verliert vollkommen den Zusammenhang mit der Natur.

So allerlei. Foto: Gebr. Haeckel

Die Sehnsucht dieser in enge Großstadtmauern eingeschlossenen Menschen nach einem Stückchen Erde, das sie bebauen und auf dem sie und ihre Kinder sich nach des Tages Arbeit und Mühe erholen können, ließ die Kleingartenbewegung entstehen, die in einem Stückchen Land abseits der Wohnung den fehlenden Hausgarten zu ersetzen und die unzulänglichen Wohnverhältnisse zu verbessern sucht."

Die Bedeutung eines kleinen Fleckchens Boden für die unter menschenunwürdigen Bedingungen lebenden Berliner umschrieb *Coenen* 1911. "Wo die Behausung der kleinen Leute jeglicher Behaglichkeit ermangelt, wo kein noch so bescheidenes Gärtchen einen Aufenthaltsort bietet, da verliert die Familie leicht ihren Zusammenhang, für die Erwachsenen das Wirtshaus und die Vergnügungslokale, für die Kleinen die Straße, das ist eine Massenerscheinung von geradezu erschreckendem Umfange geworden. Daß die daraus erfolgenden Mißstände in gesundheitlicher, materieller und moralischer Beziehung ein erschreckendes soziales Übel sind, darüber läßt uns die Statistik keinen Zweifel."

Das Kleingartenwesen in Berlin war stets auch ein Spiegel der gesellschaftlichen Verhältnisse: Je schlechter die wirtschaftliche Situation war, um so mehr gewannen die Kleingärten an sozialpolitischer Bedeutung und nahmen auch in ihrem Bestand zu. Ebenso unterlagen die Gestaltung und die Nutzung äußeren Rahmenbedingungen.

Die verschiedenen Epochen und auch die sich verändernde Funktion der Kleingärten wird auch an der unterschiedlichen Namensbezeichnung deutlich. Im Anschluß an die ersten Armengärten entwickelten sich die späteren "Arbeitergärten", "Schrebergärten", "Rote-Kreuz-Gärten", "Laubenkolonien" bis hin zu den heutigen Mittelstandsgärten.

In Berlin – bald die bedeutendste Kleingartenstadt – zeichneten sich schon sehr früh Tendenzen im Kleingartenwesen ab, die in anderen Städten Jahre später folgen sollten. Neben den positiven Erfahrungen wurden auch manche Fehlentwicklungen lehrreiche Vorbilder für das Kleingartenwesen in ganz Deutschland.

Der Höhepunkt des Berliner Kleingartenwesens lag in den zwanziger Jahren, als 5.793 ha Boden kleingärtnerisch genutzt wurden. Der Grundstein wurde jedoch bereits 1833 gelegt, als (drei Jahre nach der ersten deutschen Kleingartenkolonie) die Berliner Armengärten entstanden.

Die Armengärten

Während es in der Mitte des 19. Jahrhunderts bereits in vielen Städten des Deutschen Reichs ausgedehntes Kleingartengelände gab, tat sich Berlin mit der Bereitstellung solcher Flächen sehr, sehr schwer. Nur zögerlich ermöglichte die Stadtverwaltung ihren Bürgern die Bewirtschaftung von Gärten.

Anstelle finanzieller Zuwendungen stellte die Kommune den ärmsten Bevölkerungsschichten Grundstücke zur Lebensmittelproduktion zur Verfügung. Diese sogenannten "Armengärten" wurden fast ausschließlich als Kartoffeläcker genutzt. Damit konnte, wenn auch in sehr geringem Umfang, der kommunale Haushalt entlastet werden.

1833 begann die Stadtverwaltung Berlins mit der Verpachtung von 4 1/3 Morgen an insgesamt 13 Familien. Sechs Jahre später bewirtschafteten 143 Familien mit zusammen 607 Kindern vor dem Oranienburger Thore Armengärten. Überwiegend waren die Pächter Weber, Arbeiter und Handwerker. Der Produktionswert der angebauten Kartoffeln betrug pro Pächterhaushalt im Durchschnitt 13 Reichsthaler bei Unkosten von 3 Thalern.

"Was aber außerdem ein großes Gewicht in die Waageschale legt, ist, daß der Arme diese 13 Rhtl. 3 Sgr. nicht als ein Almosen empfangen, sondern sie zugleich durch seiner Hände Arbeit verdient hat. Es ist ihnen – und nicht bloß den Männern, sondern auch den Frauen und Kindern – eine Beschäftigung ermittelt, die ihrer

Die Laubengärten

Ob im Frühling es regnet oder der Sturmwind braust,
Wir ziehen nach unserer Scholle,
Ob Sonntag es ist, ob früh oder spät
Das spielt bei uns keine Rolle.
Und wenn dann im Sommer alles grünt und blüht
Nach vieler Mühe und Plag',
Dann ernten wir Früchte und rufen aus:
"Und morgen ist Feiertag!"

Gesundheit gewiß um so zuträglicher sein mußte, als bei weitem der größte Theil der Pflanzer aus Webern und überhaupt aus Leuten besteht, die ihr Geschäft in der Stube treiben" (aus der *Kameralistischen Zeitung* von 1839).

Ein Privatverein stellte später vor dem Landsberger Thore für 49 Familien weitere 2 ha Akkerfläche als Armengartengelände zur Verfügung.

"Diejenigen Armen, welche fortlaufend Unterstützung erhalten, waren hier bei der Vertheilung des für den Kartoffelbau bestimmten Landes ausgeschlossen. Es ist Regel, es solchen anzuweisen, welche die zahlreichsten Familien haben, ihrer Dürftigkeit wegen häufig mit einzelnen Gaben unterstützt werden müssen und den Grad von Körperkraft besitzen, welche diese Art des Landbaues erfordert, oder, wenn letzteres nicht der Fall ist, ihn durch die Ihrigen betreiben lassen zu können. Da der Kartoffelbau von Frauen und Kindern verrichtet werden kann, so wurden auch an Witwen Ackerstücke vertheilt" (*M. Borchardt*, 1839).

Jede Familie erhielt einen Sechstel-Morgen Land zugewiesen und, wie es im Königlichen Preußen üblich war, gleich eine ganze Palette von Vorschriften. Geregelt wurde, daß nur ein Spaten und eine Hacke für die Arbeit benutzt werden durften, wann die Aussaat zu erfolgen hatte, wie groß die Abstände zwischen den Pflanzreihen zu sein hatten, die Düngemenge, wie tief umgegraben werden mußte und vieles andere mehr.

1882 wurden bereits 2.876 Familien auf insgesamt 115 ha durch die Bereitstellung von Armengärten unterstützt. Nachdem noch 1896 2.575 Familien eine Parzelle nutzen konnten, lief das soziale Hilfsprogramm "Armengärten" ein Jahr später aus.

Das Gelände der "Schlächterwiesen", dort wo sich heute das Urban-Krankenhaus befindet, konnte noch zu den Armengärten gerechnet werden. Die Pächter dieser 1862 errichteten Parzellen waren, wie so viele zu dieser Zeit, hauptsächlich vom Lande zugezogen. Unter miserablen Wohn- und Freizeitbedingungen lebend, sehnten sie sich nach einem Stückchen Land, um im Freiraum Ausgleich zu finden und ihre wirtschaftliche Not durch den Anbau von Obst und Gemüse zu lindern. Diese etwa 300 qm großen Gärten wurden sowohl für den Gemüseanbau wie für die Blumenzucht genutzt, denn "der Mensch lebt nicht vom Brot allein, insbesondere dann, wenn er keines hat" (Bloch).

Die Situation dieser Pächter wird von *Schleiden* charakterisiert, der hierzu bereits 1855 in Leipzig schrieb: "In einer Zeit, die so schwer wie die gegenwärtige, auf jedem denkenden und fühlenden Menschen lastet, bleibt uns meist nur noch die Natur als Schmollwinkelchen, wohin wir uns mit unseren Sorgen flüchten mögen, um uns derselben wenigstens für eine zeitlang zu entledigen. Ganz besonders aber ist es die stille freundliche Blumenwelt, welche einen besänftigenden Einfluß auf unsere verletzten Gefühle auszuüben vermag, und deshalb möchte ich um so mehr für sie, ihr Studium und die Beschäftigung mit ihr werben."

Der große Bedarf und die geringe tatsächliche Zahl an Armengärten führten bereits bald zu Mißständen. Ein Kleingärtner jener Zeit berichtet – sicherlich überpointiert – über die Armengärten: "Es dauerte aber nicht lange, so bewarben sich auch Freunde der Ackerpächter, ihnen ein Stückchen Land abzulassen, resp. an sie zu verpachten, natürlich mit einem Verdienst pro Rute für Ersteren, und siehe da, die Nachfrage wurde alle Tage stärker, bis zuletzt der Ackerpächter noch sein Land abgab und sich schließlich seine Kartoffeln anderweitig kaufte, weil es sein Verdienst von dem verpachteten Feld zuließ; und heute sehen wir, wie die ehemaligen Ackerbürger per Kutsche oder Automobil an ihrem Pachtgelände vorbeifahren, oder deren Erben vielleicht gar schon aus dem Eindecker auf uns Kolonisten herabschauen".

Mit diesem Zitat ist gekennzeichnet, wie aus einer ehemals sozialen Maßnahme allmählich ein profitables Geschäft für Grundbesitzer und Generalpächter wurde.

Die Schrebergärten

Die "Schrebergärten" sind auf den Leipziger Pädagogen und Arzt Schreber zurückzuführen. Mit seinen philanthropischen Erziehungsmethoden wollte er der physischen und sozialethischen Verelendung der städtischen Bevölkerung entgegenwirken. Er forderte von der Stadt die Anlage von Turn- und Spielplätzen; an Gärten hat er weniger gedacht.

Drei Jahre nach dem Tode Schrebers gründete sein Schwiegersohn Hauschild 1864 den ersten Schreberverein. 1865 pachtete dieser Verein Gelände im Westen der Stadt Leipzig, wo er einen Spielplatz, einen Kindergarten und einen Botanischen Garten anlegte. In den folgenden Jahren unternahm der Lehrer Gesell den Versuch, auf einem Teil des Spielplatzes Beete für die Kinder anzulegen. Zwar scheiterte er mit diesem Experiment, da die Kinder schnell die Lust und die Ausdauer am Gartenbau verloren;

Mühevolle Saat und mühevolle Ernte. Foto: Gebr. Haeckel

die Eltern übernahmen aber die Pflege der Beete, aus denen dann die sogenannten Schrebergärten (weil sie am Rande des Schreberplatzes lagen) entstanden.

In den folgenden Jahren gründeten sich überwiegend in Mitteldeutschland zahlreiche Schrebervereine. Allein in Leipzig existierten 1892 16 Vereine mit insgesamt 2514 Gärten. In Berlin waren dagegen die Schrebergärten nicht verbreitet.

Das Zentrum der Kolonien bildete ein Kinderspielplatz, denn nach wie vor stand die Kindererziehung im Mittelpunkt des Vereinslebens. Auch die um den Kinderspielplatz herum gruppierten Gärten sollten die Kinder zu einer stärkeren Naturverbundenheit hinführen. Doch schon bald bildete das gartenbauliche Interesse der Eltern das Hauptmotiv für die Anlage der Schrebergärten. Auch wurde mit der Verpachtung der Gärten eine Finanzierungsmöglichkeit für die Kinderspielplätze erschlossen. So ist im *Laubenkolonist 1908* nachzulesen: "Sobald die Schrebervereine aber Gärten haben, ermöglicht es das dadurch einkommende Pachtgeld, die Spielplätze aus dem Ertrage der Anlage selbst zu decken ... Auf diese Weise erhielten die ursprünglich kahlen Wiesenflächen ein völlig verändertes Aussehen, denn es wurden in den Gärten Lauben gebaut, da man auch bei plötzlich hereinbrechendem schlechten Wetter nicht ohne Schutz sein wollte".

Wäschewaschen, Kaffeemachen. Foto: Otto Haeckel

Viele Mitglieder der Schrebervereine wollten aber keinen Garten pachten; ihr Interesse galt einzig der Möglichkeit, daß ihre Kinder einen Spielplatz nutzen konnten.

Hinter dem Spielplatz wurde im allgemeinen eine große überdachte Spielhalle errichtet, damit die Kinder auch bei schlechtem Wetter Schutz finden konnten. Die einzelnen Gärten waren zwischen 80 qm und 500 qm groß, der Pachtpreis betrug 8 Pf pro qm.

Die Idee dieser als pädagogische Selbsthilfeprojekte gedachten Anlagen wurde durch die Aussicht auf Spekulationsprofite der Grundbesitzer teilweise zunichte gemacht: Vielen Vereinen wurde das Gelände gekündigt, sobald es durch die Kultivierung an Wert gewonnen hatte. Aber auch die Vereine selbst waren nicht unschuldig an dem Verlust der sozialpolitischen Bedeutung der Schrebergärten; wie heute mußten auch damals schon die Neupächter Abstandssummen für die Laube zahlen, die sich teilweise in Dimensionen bewegten, die Bedürftigen eine Anpacht unmöglich machten.

Die Berliner Laubenkolonisten

Als rein proletarisch muß die Organisation der Berliner Laubenkolonisten eingestuft werden, die sich damit deutlich von den Schrebervereinen abgrenzte. Die Verbandszeitschrift der Laubengärtner beschreibt den Unterschied zwischen den beiden Kleingartenorganisationen 1908: "Daß aber die Mitglieder der Schrebervereine im großen und ganzen nicht zu unseresgleichen gehören, beweist das Publikumsorgan. Unter 'Jugendfürsorge' ist u.a. folgendes zu finden: 'Ein Kinderhort soll gegründet werden. Private haben 27.000 DM angesammelt'. Für uns Berliner Laubenkolonisten und Arbeiter erscheint es so gut wie ausgeschlossen, auch nur annähernd eine solche Summe aufzubringen. An einer anderen Stelle heißt es: 'Bei dem Kapitel 'Kinderlied' z.B. kommen in Betracht: Wiegenlieder, Kindergebete, Koselieder und Scherzreime der Mütter und Ammen' usw. Ich glaube, daß man die Laubenkolonisten mit der Laterne suchen muß, die in der Lage sind, sich eine Amme halten zu können".

Während die Schrebergärtner – die tendenziell immer besser verdienenden Bevölkerungskreisen angehörten – mit der Pacht eines Gartens ihre Lebenssituation und die ihrer Kinder verbessern wollten, entstanden die Berliner Laubenkolonien aus der wirtschaftlichen Not ihrer Pächter.

Besonders nach dem Krieg 1870/71 erfuhr das Laubenkoloniewesen in Berlin einen großen Aufschwung, als mit der ökonomischen Prosperität der neuen Reichshauptstadt Berlin Hunderttausende in die Stadt strömten, um hier Arbeit zu finden. Weil sie die in dieser Epoche herrschende große Wohnungsnot für sich auffangen wollten, zimmerten sich viele Neuberliner außerhalb der Innenstadt einfache Wohnlauben. Ringsherum legten sie kleine Gärten für die Nahrungsmittelproduktion an. Als die größte Wohnungsnot behoben worden war und die Pächter in Mietshäuser umzogen, behielten sie ihre Laube. Hier konnten sie ihre Sehnsucht nach "Land und Luft" wenigstens zum Teil ausleben.

Mitte der neunziger Jahre wurde die Zahl der Berliner Laubenkolonisten auf etwa 45.000 geschätzt, eine Zahl, die die beträchtliche Bedeutung dieser kleinen grünen Refugien unterstreicht.

Bis zur Jahrhundertwende waren die Laubengärten überwiegend Grabeland, oder, um die damals übliche Bezeichnung zu wählen, "wilde" Kleingärten. Überall dort, wo die Bodenspekulanten noch ein Grundstück unbebaut ließen, wurde ein Laubengarten angelegt und mit dem Notdürftigsten eine Laube errichtet. Auf schönen Blumenschmuck oder Obstbäume, die eine beträchtlichere Investition bedeuteten, wurde natürlich verzichtet, da man jederzeit mit einer Vertreibung vom Gelände rechnen mußte. Denn sobald sich dem Besitzer eine profitablere Nutzung bot, mußten die Laubengärtner mit der Kündigung rechnen. Diese, dem vorherrschenden Sauberkeits- und Ordnungsempfinden nicht entsprechenden Laubengärten wurden im Berliner Volksmund auch als "Zigeunerdörfer" bezeichnet.

Ein großer Übelstand war die Organisationsform des Generalpächtertums. Die Stadt Berlin hatte schon früh damit begonnen, Ländereien an sogenannte Zwischen- oder Generalpächter zu verpachten. Dies geschah entweder durch öf-

Sonnabend, den 25. Februar 1911
im
ELYSIUM, Landsberger Allee 40-41
Winterfest auf Grönland
veranstaltet von den Pflanzervereinen
„Vergißmeinnicht" und „Osten".
M. d. V. d. L. V. u. U.
Um 12 Uhr: Grönländischer Festzug.
Anfang 8 Uhr. Eintritt 50 Pfg.
Um recht zahlreichen Besuch bittet das Komitee.

Kolonistenfreundlichkeit

Preisend mit viel schönen Reden ihrer
Kolonien Zahl,
saßen kürzlich ein'ge Pächter zu Berlin im Rathaussaal,
um ihr altes Feld zu pachten, aber
schließlich auch was neu,
weil's der Magistrat befohlen, weil
die Pachtzeit bald vorbei.

"Herrlich," sprach zunächst der Eine,
sind jetzt meine Kolonien,
die mir stets nur Geld gekostet, aber
keines dran verdient,
Freund und Feind nur zuliebe und
aus Menschenfreundlichkeit,
daß nur jedem blieb das Seine, war
zur Pachtung ich bereit."

"Richtig, nur aus diesen Gründen,
nicht zu unserm eigenen Wohl,
und was mühsam wir errichtet, uns
kein anderer nehmen soll,
der vielleicht die Kolonisten bei sich
gerne zechen sieht,
oder schließlich an der Rute gar noch
etwas dran verdient."

So sprach gleich darauf der andere,
glauben Sie's, es ist kein Rauch.
Nun, sie glaubten's nicht alleine, unsre Leser glauben's auch.
Lächelnd nickten auch die andern,
weil's ein Wort aus ihrem Munde,
weil sie gleiche Kappen tragen und
auch gleiche Brüder sind.

"Nein, um was zu profitieren, das ist euer Ideal,
weil nur ihr ein Recht zu leben und die andern zum Bezahlen,"
meinte dann ein Kolonist, der die Brüder lange kennt,
und bei jeder Neuverpachtung, stets dieselben wiederfind.

Und der Pachtung Stunde nahte, Jeder gab sein Angebot,
jenem Schandsystem zufolge, das der Kolonisten Tod.
Tröstlich in die Zukunft blickend, zogen alle wieder heim,
wem das alte Glück beschieden, wird des Ratsherrn Günstling sein.

Und der Ratsherr hob die Waage: "Wem verschreib ich nun das Feld,
dem, der sich daran bereichert, oder der's dem Armen leiht,
Ach, was scheeren mich die Armen, die an Luxus sich gewöhnt.
Ja, wir konnten es uns denken, daß man uns auch noch verhöhnt."

Möget ihr nun auch frohlocken und euch eures Sieges freu'n,
glaubet mir, von langer Dauer wird die Freude nicht mehr sein,
Kolonisten schmieden eifrig an dem Schwert, das stets gesiegt,
das euch alle, samt und sonders, aus dem Rathaustempel fegt.

fentliche Versteigerung des Pachtgeländes im Rathaus oder durch geheime Abgabe von Geboten. Auch diese Grundstücke blieben Vorhalteflächen, d.h. daß in absehbarer Zeit keine andere Nutzung wie z.B. Wohnungsbau vorgesehen war. Bei dieser Zwischenlösung durch Laubenkolonien war die Kommune an möglichst hohen Einnahmen interessiert. Die starke Nachfrage nach Kleingartenland bewirkte, daß sich die Generalpächter gegenseitig überboten. *Der Laubenkolonist* berichtete in seiner Ausgabe vom 4.9.1909, daß "bei der letzten Verpachtung durch das gegenseitige Preistreiben der Generalpächter die Pachtpreise um 300 % in die Höhe geschnellt" seien. Die Generalpächter ihrerseits hatten nur den größten Profit im Sinn und wälzten diese enormen Preissteigerungen auf die Laubenkolonisten ab.

Das nebenstehende Spottlied aus der Verbandszeitschrift *Der Laubenkolonist* beschreibt die Versteigerung von Laubengelände. Anlaß war die öffentliche Ausbietung von Treptower Laubenländereien, bei der neben den Generalpächtern vergeblich auch die Landpachtgenossenschaft sich um das Gelände bemühte.

Während die eine Hälfte der Berliner Laubenkolonien auf kommunalem Grund lag, befand sich der Rest in privater Hand. Selbstverständlich trachteten auch die privaten Grundbesitzer nach der höchstmöglichen Rendite.

Da es mehr Bewerber für einen Kleingarten als vorhandene Kleingartenparzellen gab, konnte der Generalpächter den Pachtzins meistbietend in die Höhe treiben. Durch die Klauseln der Pachtverträge waren die Kleingärtner zusätzlich der Willkür und den Schikanen der Zwischenpächter vollkommen ausgeliefert.

Nach drei Seiten offene Gartenlaube

Neben den Einnahmen aus der Unterverpachtung erwirtschafteten die Generalpächter ihren größten Gewinn durch den Verkauf von Getränken in eigenen Kantinen, die sich auf dem Kleingartengelände befanden. In den Pachtverträgen war festgelegt, daß die Gartenfreunde ihre Getränke und Nahrungsmittel ausschließlich in diesen Kantinen zu kaufen hatten ... "Aber man vergesse nicht, wer der Kantinenwirt ist. Der Generalpächter in eigener Person oder sein Beauftragter. Die Personalunion des Kantinenwirtes und Generalpächters ist die Quelle der bestehenden Mißverhältnisse auf den Kolonien. Der Generalpächter hat als Kantinenwirt das selbstverständliche Interesse, daß seine Kantine einen regen Absatz aufzuweisen hat. Andererseits hat der Kantinenwirt als Generalpächter ein äußerst wirksames Druckmittel auf seine Konsumenten. Der Laubenkolonist weiß aber auch, daß er in bezug auf die Fortdauer seines Pachtverhältnisses dem Wohlwollen des Generalpächters bzw. Kantinenwirtes bedingungslos ausgeliefert ist, und daß er allein den Schaden und den Schmerz hat, wenn er nach Jahresfrist seine Laube abreißen und seine Anpflanzungen entweder ausgraben oder im Stich lassen und seine weinenden Kinder von ihren selbstgepflegten Blumenbeetchen gewaltsam wegbringen muß" (*Coenen* 1911).

Jede Kündigung verhieß dem Generalpächter ein neues profitables Geschäft, da er eine gekündigte Parzelle mit einem kultivierten Boden zu einem höheren Zins neu verpachten kann.

So beklagt ein Laubenkolonist diese Kündigungswillkür: "Nur zu oft geschieht es, daß Gründe zu dieser Maßregel nicht vorhanden sind, sondern nur Willkür und Herrschertum die Hauptrolle spielen, obwohl der Pächter bei der teuren Pacht ohnehin wenig erobert. Um nun aber denselben recht empfindlich zu treffen, heißt es dann: "Ja, verkaufen gibt's nicht!" und infolgedessen muß der betroffene Kolonist sein bißchen Freude, welches er sich mit vieler Mühe und Geldkosten errichtet hat, einfach vernichten und das kultivierte Stückchen Feld wieder an den Generalpächter überlassen, der es nun wieder bedeutend besser und teurer verpachtet, weil da schon alles in Ordnung ist ... Die Mittelmänner sind sogenannte Generalpächter, welche gewöhnlich irgendeinen Ausschank auf dem Felde errichten und nun auch mit Argusaugen darauf achten, daß jeder Pächter möglichst viel bei ihm verzehrt. Macht er dies nicht, verzehrt er zu wenig, so hat mit Bestimmtheit sein letztes Stündlein auf dem Feld geschlagen". Diesen Getränkezwang regelten die Generalpächter mitunter schon im Pachtvertrag.

Die kriminellen Zwangsbestimmungen führten bald zu chaotischen Willkürzuständen in den Laubenkolonien. Wo sich die Kleingärtner nach des Tages Mühe erholen wollten, ihre Kinder frische Luft atmen sollten und die Gartenarbeit den Haushalt finanziell entlastete, kehrte Zank und Zwietracht ein: durch das Alkoholgebot waren die Kolonisten oft betrunken.

Ein Kleingärtner schildert seine Erfahrungen: "Das Übel der ganzen Sache sind die Feldkneipen. Wie manche Familie könnte das Geld, das dort gelassen wird, viel notwendiger gebrauchen und wie viel Zank und Ärger würden ohne diese weniger sein. Abgesehen noch von dem sittlichen Standpunkt. Die Kneipen sind alle nur aus Holz gebaut. Jedes Wort ist nicht nur drinnen, sondern auch draußen zu hören; die unflätigsten Redensarten werden geführt, namentlich, wenn der Alkohol seine Wirkung beginnt. Kinder ste-

"§ 8 Der Pächter verpflichtet sich ausdrücklich, seinen etwaigen Bedarf an Getränken usw., welche er für sich und seine Angehörigen auf dem Acker braucht, nur alleine vom Verpächter oder dessen Beauftragten zu entnehmen. Zwischenhändler mit Bier oder geistigen Getränken usw. unter den Pächtern sowie Lieferung derselben von anderen Konkurrenten ist unter allen Umständen streng verboten.

§ 9 Zuwiderhandlungen gegen die in den voraufgeführten Paragraphen gestellten Bedingungen berechtigen den Verpächter zur sofortigen Entziehung der gepachteten Parzelle, und darf Pächter bei Vermeidung der Exmission dieselbe nicht mehr betreten, und geht derselbe seiner bis dahin gezahlten Pacht verlustig einschließlich aller auf dem Acker befindlichen Anpflanzungen, Lauben usw. ohne Anspruch auf Entschädigung. Alle Aufwendungen verfallen ohne jeden Einwand und ohne gerichtliche Entscheidung dem Verpächter als Konventionalstrafe."

Bettelfritzen

Neulich sprach zu Kolonisten
Ein Protz – mit Edelsteinen geschmückt die Hand –:
"Was wollt ihr, ihr "Bettelfritzen",
Wollt selber pachten dieses Land?
Das sollt ihr nimmermehr erreichen,
Ihr armseliges "Lumpenpack",
Das werde ich euch gleich beweisen,
Ich hab' das Geld dazu im Sack!
Ich pacht' alleine die paar Morgen,
Das Geld kommt doppelt wieder ein,
Ihr müßt euch erst solches borgen,
Und das wird gar nicht möglich sein!"

Ist das nicht 'ne Schmach und Schande,
Ist nicht traurig dieser "Held"?
Er gehört zu jener "Bande",
die da denkt, mit ihrem Geld
Kann sie alles sich erlauben,
Verhöhnet Arbeit und den Fleiß,
Die für das bißchen Land zu Lauben
Immer höher treibt den Preis,
Um ihre Sucht nach Geld zu stillen,
Nimmt sie es vom Kolonisten
Und ist dieser ihr nicht zu Willen,
Nennt sie ein'n solchen "Bettelfritz"! –

Ja, ihr lieben Kolonisten,
Da wird's doch wirklich höchste Zeit,
Daß wir nach Kräften dazu rüsten –
Sobald sich bietet die Gelegenheit –
Große Parzellen selbst zu pachten,
Auszuschalten dieses "Pack",
Das wir grundsätzlich verachten,
Das da pocht auf seines Geldes Macht!
Darum schließt euch fest zusammen,
Stärket des Bundes Reih'n,
wir werden dann solch edlem Manne
Bettelfritzen nicht mehr sein!"

Kleingärtner von 1911

Gemütliches Miteinander bei Grammophonmusik an einem Sonntagnachmittag im Jahr 1906. Foto: Otto Haeckel

hen dabei und hören diese Worte, und wer nicht mitmacht oder gar sich Ruhe fordert, kann bald ans Abreißen denken; denn er stört den Wirt in seinem Beruf und schmälert seine Einnahmen".

Dagegen brauchten sich die größten "Säufer" unter den Gartenfreunden, auch wenn sie den inneren Frieden einer Kolonie durch Raufereien o.ä. störten, nicht vor einer Kündigung zu fürchten: Sie waren Grundlage eines guten Einkommens für den Generalpächter.

Vor diesen gravierenden Mißständen konnte auch die Berliner Stadtverwaltung nicht die Augen verschließen. Sie verbot den Generalpächtern ab 1908 den Ausschank von Alkohol in den Kolonien, indem sie folgenden Passus in den Vertrag zwischen Stadt und Generalpächter aufnahm: "Der Pächter ist nicht befugt, auf dem Pachtstücke einen Ausschank oder Verkauf geistiger Getränke einzurichten oder zu dulden; auch darf er die Unterpächter nicht verpflichten, von ihm oder einem Dritten geistige Getränke aus Geschäftslokalen zu entnehmen oder sich liefern zu lassen."

Viel wurde mit dem Verbot nicht erreicht, denn der Laubenkolonist war nach wie vor der Kündigungswillkür durch den Generalpächter ausgesetzt; so mußte er z.B. den Alkohol illegal kaufen.

Die Kommune versuchte nun, das Übel an der Wurzel zu packen und das Generalpächtertum auszuschalten. Ab 1910 verpachtete sie ihr Gelände direkt an die Laubenkolonisten. 1911 schlossen 1.600 Familien einen Pachtvertrag direkt mit der Stadt ab, ein Tropfen auf dem heißen Stein bei etwa 40.000 Kleingärten! Diese Kleingärten lagen zum großen Teil auf den ehemaligen, etwa 30 ha großen Rieselfeldern bei Blankenburg. Der Pachtpreis war mit 3,5 Pf extrem niedrig. Ein in die Gesamtanlage integrierter beaufsichtigter Spielplatz samt Geräteschuppen und Toiletten sollten die Attraktivität für die Pächter erhöhen. Das Unwesen des Generalpächtertums wurde aber erst später im Jahre 1919 mit dem ersten Erlaß einer Kleingarten- und Kleinpachtlandordnung beseitigt.

Die Berliner Laubenkolonien entstanden zum größten Teil außerhalb der Innenstadt in Nähe der S-Bahn. Der – heute noch in Teilen erkennbare – historische Kleingartenring ist identisch mit dem inneren S-Bahnring. Hier blieben Grundstücke unbebaut. und zudem waren die Kolonien mit der S-Bahn schnell erreichbar.

Nachdem im Jahre 1877 der S-Bahnring mit den Vororten verbunden wurde, siedelten sich entlang der neuen Strecke wiederum Laubenkolonien an. Immer wieder wurden die Kolonien von dem Wohnungsbau an die Stadtperipherie gedrängt. Eine Kleingartenverpachtung ermög-

Spottscheuche. Foto: Otto Haeckel

Die Hymne vom „Laubenpiepa"

VON GEORG SCHADECK

Fragt mir neulich so'n Jeselle
mittenmang in't Stadtjewühl,
ob ick mir uff de Parzelle
nich wie'n olla Maulwurf fühl'?
Den hab' ick zum Sonnenbaden
uff mein Jrundstück einjeladen.
Mensch, bei dem hat wat jezündet,
seita meine Datscha kennt,
wennat ooch noch witzich findet
und mir „Laubenpiepa" nennt !!!

Zujejeben, det so'n Jarten
jede Menge Arbeit macht.
Die vajißte, wenn die zarten
Pflänzchen blüh'n in volla Pracht.
Und du kannst in't saft'je Jrün
Frischluft durch de Neese zieh'n.
So den Stadtmief 'rauszupusten,
is'n höchst jesunda Trend
und ick werde dem wat husten,
der mir „Laubenpiepa" nennt !!!

Wenn die jroße Urlaubswelle
Menschen in de Ferne treibt,
leb' ick froh uff de Parzelle,
wo det Jeld im Beutel bleibt.
Kann am Jrill Bouletten rosten
und erspar' die Reisekosten.
Wat soll ick in fremden Ländan,
wo die Sonne noch mehr brennt ?-
Und det wird ooch der nich ändan,
der mir „Laubenpiepa" nennt !!!

Bei 'na Fete kam zur Rede
wie man sät und wie man harkt.
Eena fand det reichlich blöde.
Der kooft Obst im Supermarkt.
Kommen denn die Erntezeiten,
wird der det jewiß bestreiten.
Der is dankbar, wenn ick Möhren,
Kohl und ooch mein Fallobst send'.-
Schließlich kann ick den ernähren,
der mir „Laubenpiepa" nennt !!!

Ständ'jet Thema in Famil'jen,
wo der Klapperstorch schon war:
Könn' die Kleenen denn noch spiel'n jeh'n
ohne Sorje vor Jefahr?
Die Probleme jibt det nie
uff 'ne Laubenkolonie.
Hier is massich Platz for Jören,
wo man nich in't Auto rennt.-
Und det sollte jeda hören,
der mir „Laubenpiepa" nennt !!!

Uff den Jang durch de Parzellen
pflech'ste nachbarlich Kontakt.-
Und da treff' ick mein' Jesellen,
wiea eifrich Unkraut hackt.
Der hat sich-(wie det so looft)-
kürzlich bei uns einjekooft.
Sicha is, det der sich schindet,
bis man ihn hier anerkennt,
und er endlich einen findet,
der ihn „Laubenpiepa" nennt !!!

Eine Windmühle auf einer Heimstätte in einer Berliner Laubenkolonie. Foto: Otto Haeckel

lichte trotz schlechtester Geländelage noch ein gutes Geschäft. Gleichzeitig dienten die Kleingärten dazu, den Boden zu kultivieren und damit für eine profitablere Nutzung vorzubereiten. Der Stabsarzt *Dr. Christian* bemerkte dazu 1911: "Wenn nach einigen Jahren dem sterilen Boden durch unermüdlichen Fleiß und Geldopfer ein mäßiger Ertrag abgerungen ist und das kleine Paradies endlich im Blumenflor prangt, wird das Gelände baureif, und der ganze Erfolg der mühsamen Arbeit wird vernichtet. Der Laubenkolonist muß, wenn er nicht die Geduld verloren hat, wieder einen Kilometer weiter hinaus, um sein Werk von neuem unter denselben wenig verlokkenden Bedingungen zu beginnen."

Zu ca. je einem Drittel befanden sich um die Jahrhundertwende die Laubenkolonien auf städtischem, kirchlichem und privatem Boden. Das städtische Gelände lag zum größten Teil außerhalb der Gemarkung Berlins. So befanden sich etwa 120 ha Kleingartenfläche auf Treptower Gebiet hinter dem Treptower Park an der Neuen-Krug-Allee. 20 ha wurden in Rixdorf zwischen der Ringbahn und der Anschlußbahn Rixdorf-Niederschönweide von den Laubenkolonisten bewirtschaftet, weitere 20 ha in Vorhagen-Rummelsburg und 15 ha in Blankenburg.

Die Zahl der Laubenkolonisten pendelte von der Jahrhundertwende bis 1911 um 45.000. Die einzelnen Gärten hatten durchschnittlich eine

Geh aus, mein Herz
von
Paul Gerhardt

Geh aus, mein Herz, und suche Freud'
In dieser lieben Sommerzeit
An deines Gottes Gaben:
Schau an der schönen Gärten Zier,
Und siehe, wie sie mir und dir
Sich ausgeschmücket haben.

Die Bäume stehen voller Laub,
Das Erdreich decket seinen Staub
Mit einem grünen Kleide.
Narzissus und die Tulipan,
Die ziehen sich viel schöner an
Als Salomonis Seide.

Die Lerche schwingt sich in die Luft,
Das Täublein fleugt aus seiner Kluft
Und macht sich in die Wälder;
Die hochbegabte Nachtigall
Ergötzt und füllt mit ihrem Schall
Berg, Hügel, Tal und Felder.

Die Glucke führt ihr Völklein aus,
Der Storch baut und bewohnt sein Haus,
Das Schwälblein speist die Jungen;
Der schnelle Hirsch, das leichte Reh
Ist froh und kommt aus seiner Höh'
Ins tiefe Gras gesprungen.

Die Bächlein rauschen in dem Sand
Und malen sich und ihren Rand
Mit schattenreichen Myrten;
Die Wiesen liegen hart dabei
Und klingen ganz vom Lustgeschrei
Der Schaf' und ihrer Hirten.

Die unverdroßne Bienenschar
Fleugt hin und her, sucht hie und dar
Ihr' edle Honigspeise;
Des süßen Weinstocks starker Saft
Bringt täglich neue Stärk' und Kraft
In seinem schwachen Reise.

Der Weizen wächset mit Gewalt,
Darüber jauchzet jung und alt
Und rühmt die große Güte
Des, der so überflüssig labt
Und mit so manchem Gut begabt
Des menschlichen Gemüte.

Ich selbsten kann und mag nicht ruh'n,
Des großen Gottes großes Tun
Erweckt mir alle Sinnen:
Ich singe mit, wann alles singt,
Und lasse, was dem Höchsten klingt,
Aus meinem Herzen rinnen.

Größe von 350 qm, sie waren also damals schon genauso groß wie heute. Der Pachtpreis betrug bis 20 Pf pro qm: für die damaligen Verhältnisse eine sehr große Ausgabe. Dagegen ist der heutige Pachtzins mit etwa 25 Pf pro qm äußerst gering, wenn man bedenkt, daß die damalige Goldmark einen Wert von etwa 9 DM besaß!

In den Entstehungsjahren dienten die Laubengärten der Produktion von Obst und Gemüse, ja vorwiegend dem Kartoffelanbau. Später legten immer mehr Pächter auch Blumenbeete an. Der Kleingarten wurde nach der Jahrhundertwende auch zum Ort der Erholung, in dem unmittelbarer Naturgenuß für den Pächter und seine Familie möglich war.

Unter dem Titel "Erntefest in der Laubenkolonie" erschien 1912 im *Laubenkolonisten* folgende Geschichte, die recht einprägsam das grüne Idyll der Laubengärten schildert:

Erntefest in der Laubenkolonie

"Ich bin Arbeiter und kenne keine Ferien und keine Reisen in die Seebäder oder in die Gebirge, trotzdem gehe ich jedes Jahr sechs bis sieben Wochen in die Sommerfrische nach Kamerun!"

Diese Worte richtete am vergangenen Sonntag mein Logiswirt an mich, als er meine gewichsten Stiefel ins Zimmer brachte.

"Nach Kamerun? In die Sommerfrische nach Kamerun?" lachte ich ihm ins Gesicht.

"Jawohl!" gab er schnell zurück, "es ist natürlich nicht das Kamerun in Afrika, sondern die Laubenkolonie Kamerun im Osten von Berlin".

"Ach so!" sagte ich, "jetzt verstehe ich Sie erst. Sie haben dort Besitztum? Ist das weit von hier?"

Er trat näher und antwortete: "Meine Sommerfrische liegt nicht weit von den letzten Häusern unserer Straße. Dort habe ich, wie es hundert und aberhundert anderer getan haben, ein Stück Ackerland gepachtet und auf demselben ein Laubenhäuschen errichtet. Dasselbe besteht aus einer Bretterbude in Verbindung mit einer Laube. Die Bretterbude dient zum Aufenthalt bei ungünstiger Witterung, ferner als Küche und Aufbewahrungsort der Geräte, welche ich zur Bewirtschaftung des Ackers brauche; auch ein altes Schlafsofa steht darin. Der Tisch und Stühle stehen in der Laube, welche gleichsam die Vorhalle bildet und welche mit wildem Wein bezogen ist. Dort verbringe ich im Kreise meiner Familie im Sommer jeden Abend und Sonntag; dort baue ich meinen Kohl, dort bin ich mein eigener Herr und fühle mich in der freien Natur wohl und glücklich. Heute feiern wir daselbst das Erntefest. Ich bitte Sie, mit hinauszukommen!"

Mit Freuden nahm ich die Einladung an. Gleich nach dem Mittagessen wurde ich von den Kindern meiner Wirtsleute abgeholt. Die drei Kinder im Alter von neun bis dreizehn Jahren trugen kleine Holzsensen und um die Schulter und Brust Guirlanden, die kleine siebenjährige Tochter ein weißes Kleidchen mit blauer Schärpe, einen Kranz in den blonden Locken und eine kleine Harfe in der Hand. Sie wollen an dem Festzug der Schnitterinnen teilnehmen. Wir gingen zu Fuß und hatten unser Ziel erreicht.

Prächtig lag die Laubenstadt vor uns. Von allen Laubenhäuschen wehten hohe Flaggen, überall hingen bunte Papierlaternen zur Illumination. Durch die ganze Kolonie zog sich ein ziemlich breiter Feldweg.

Nachdem wir eine Menge würzig duftender Blumengärten passiert hatten, langten wir an dem "Elysium" meiner Wirtsleute an.

Vor der Laube ist der Spielplatz für die Kinder; auf der einen Seite desselben steht ein Gerüst mit Schaukel und Schaukelringen. An diesem Platz reihen sich Levkojen-, Reseda-, Nelken- und Asternbeete. Hinter dem Laubenhäuschen liegt der Gemüsegarten. Die eine Hälfte ist mit Kartoffeln bepflanzt, die andere mit Bohnen, Zwiebeln, Sellerie, Mohrrüben, Kürbissen und verschiedenen Arten Kohl. An dem niederen Lattenzaune, womit das ganze Grundstück befriedigt ist, stehen ringsherum im bunten Wechsel Georginen, Malven und Sonnenblumen.

Mein Gott, wie schön das hier ist! Welche Fülle von Sonnenschein, von gesunder, erquikkender Luft und von Blumenduft! Und das alles in nächster Nähe von Berlin!

Nachdem mir die Kinder alles gezeigt hatten, vergnügten sie sich an der Schaukel und Schaukelringen.

Meine Wirtin traf Vorbereitungen zum Kaffeekochen, und ich setzte mich zu meinem Wirte in die Laube.

Bald darauf drang von der Laubenwirtschaft herüber heller Hörnerklang; das Signal zum Beginn des Festzuges!

Die Kinder eilten fort. Jetzt wurde ein Marsch gespielt. Der Zug setzte sich in Bewegung und kam auch bei uns vorüber. Hinter dem Musikkorps schritten erwachsene, hübsch kostümierte Schnitter und Schnitterinnen, welche einen großen Erntekranz trugen, dann kam der reichgeschmückte "Amtmann" und hinter diesem eine große Schar kleiner Schnitter und Schnitterinnen, alle laut jubelnd.

Nachdem der Festzug beendet war, fanden sich die Kinder wieder bei den Eltern ein, erquickten sich durch Kaffee und Kuchen und tanzten und spielten. Mein Wirt unternahm mit mir einen Rundgang durch die Kolonie. In der Laubenschänke kehrten wir ein und verweilten dort so lange, bis wir zum Abendbrot abgeholt wurden. Wir waren alle hungrig geworden und aßen tüchtig.

Dann pflückten wir gemeinsam einen großen Blumenstrauß, welchen mir die Kinder auf den Tisch stellen wollten. Unsere Blicke schweiften dabei in die Ferne. Durch die starken Dunst- und Rauchschichten, welche über Berlin lagerten, erschien uns die untergehende Sonne wie ein gewaltiges blutrotes Feuerrad. Hingerissen von diesem Anblicke stimmte ich mit den Kindern das Lied an:

"Gold'ne Abendsonne,
Wie bist du so schön,
Nie kann ohne Wonne,
Deinen Glanz ich seh'n usw."

Welch ein herrlicher Abend!

Bald erloschen die Gluten im Westen. Die Nacht senkte sich hernieder und breitete ihre dunklen Fittiche über die Erde. An dem weiten, weiten Himmel erglänzten nach und nach die Zeugen der fernsten Herrlichkeit.

Jetzt begann in der Laubenstadt die Illumination: überall schimmerten und funkelten Lichter. Auf den Wegen bemerkten wir Züge singender Kinder, welche hell leuchtende Stocklaternen tragen. Darüber steigen farbige Raketenkugeln hoch in die Luft, dort zischen Schwärmer, neben uns sprühen Feuerräder, hier springen und knallen Frösche. Alles jauchzt vor Freude, und in den lauten Jubel der Menge mischen sich die lockenden Töne der Tanzmusik.

Erst gegen Mitternacht kamen wir in fröhlichster Stimmung zu Hause an. Als ich meinem Wirt die Hand reichte und ihm für die schönen Stunden, die er mir geboten, meinen Dank aussprach, sagte er überglücklich zu mir: "Nicht wahr, meine Sommerfrische gefällt Ihnen, nicht wahr? Sehen Sie, ich beneide keinen Lehrer um seine Ferien und keinen Reichen um seine weiten, kostspieligen Badereisen, meine Sommerfrische ist die beste!"

Erntefest in einer Berliner Laubenkolonie. Den Schnitterinnen wird eine Erntekrone vorangetragen. Foto: Otto Haeckel

Unter freiem Himmel turnt die Mädchenriege der Laubenkolonie am Barren. Foto: Otto Haeckel

Die Arbeitergärten des Roten Kreuz

Die Idee, auch in Deutschland Arbeitergärten anzulegen, brachte der als Kommissar des Reichsversicherungsamtes für die Deutsche Sozialversicherung zur Weltausstellung nach Paris entsandte Geheimrat Bielefeld im Jahre 1900 mit: Diese Arbeitergärten lehnten sich an die Konzeption der "jardins ouvrier de Paris" an, die von der französischen Kirche eingerichtet worden waren.

Mit der Verpachtung von Gärten an ärmere, in Not geratene Arbeiter wollte das Rote Kreuz nach Pariser Vorbild dazu beitragen, die Lebensverhältnisse dieser Bevölkerungskreise zu verbessern. Die Bekämpfung der Tuberkulose, die durch den Mietskasernenbau weit verbreitet war, stand im Mittelpunkt dieses karitativen und sozialen Engagements des Roten Kreuzes.

Zwei gemeinnützige Institutionen im Umfeld des Roten Kreuzes beschäftigten sich sehr intensiv mit der Gründung und Pflege des Berliner

Frauenverein der Laubenkolonie

Kleingartenwesens: der Vaterländische Frauenverein und der Volksheilstättenverein des Roten Kreuz.

Die ersten Arbeitergärten des Vaterländischen Frauenvereins wurden im Jahre 1901 in Charlottenburg gegründet. Bereits 1911 besaß dieser Verein in Westend und in der Jungfernheide ca. 1 000 Laubengärten. Auch im Norden und Osten gründete der Frauenverein in geringerem Umfang Arbeitergärten.

Die einzelnen Laubengärten hatten eine Größe von etwa 250 qm bei einem Pachtpreis von 2 Pfennig pro qm. Damit betrug er nur ein Fünftel bis ein Zehntel des von den Generalpächtern verlangten Pachtzinses. Zusätzlich errichtete der Verein für die Pächterkinder Turn- und Spielplätze. Auch half er den Pächtern in Notsituationen, beispielsweise informierte er sie über Wohltätigkeitseinrichtungen.

In der Satzung waren die mit den Gärten verfolgten Ziele des Frauenvereins definiert:
"– Erholung des Arbeiters und seiner Familie in gesunder Luft nach des Tages Arbeit in der Werkstatt usw. und am Sonntag.
– Kräftigung von alten und invaliden Personen, von Rekonvaleszenten, geheilten und gebesserten Lungenkranken usw. durch Beschäftigung mit Gartenarbeit.
– Ablenkung des Arbeiters vom Wirtshausbesuch, Erweckung des Sparsinns, Erhöhung der Zufriedenheit durch Besserung der wirtschaftlichen Lage.
– Stärkung des Familiensinns und -lebens durch gemeinsame Arbeit und Erholung.
– Erweckung des Eigentumgefühls an dem durch Entgelt erworbenen Garten und an selbstgezogenen Früchten.
– Ergiebigere und zu eigener Tätigkeit anregende Unterstützung armer, kinderreicher Familien durch Land, das mindestens den vierfachen Betrag der Barunterstützung einbringt.

Große Wäsche mit Nachbarinnenhilfe. Foto: Gebr. Haeckel

– Erweckung des Gefühls der Freude am Garten- und Ackerbau für Erwachsene und Kinder und damit Heranziehung künftiger Siedler ... auch aus Kreisen der städtischen Bevölkerung."

Hier wird auch die philanthropische Absicht des Frauenvereins deutlich, der damit in diesem Punkte in der Tradition der Schrebergärten stand. Gleichzeitig verfolgte er Interessen, die sich an die bürgerliche Ideologie anlehnten, wie etwa die Förderung von Familiensinn, Sparsamkeit und Häuslichkeit.

Die ersten Arbeitergärten des Volksheilstättenvereins des Roten Kreuzes wurden in Berlin vom Geheimrat *Bielefeld* 1905 gegründet. Später entstanden solche Gärten auch in Leipzig und Merseburg. Die Kolonien dieses Vereins, damals Gartenfelder genannt, waren über ganz Groß-Berlin verteilt. Die beiden Rote-Kreuz-Vereine beteiligten die Pächter bei der Verwaltung der Kolonie: Die einzelnen Kolonisten wählten sich ihre Vertrauensmänner, dazu wurden Abgeordnete der Vereine bestellt.

Die Herren der Schöpfung spielen derweil Skat und löschen ihren Dauerdurst

Die Pächter hatten die Möglichkeit, ihre Parzelle zum Jahresende – in Ausnahmefällen auch fristlos – zu kündigen. Ihr Eigentum in den Kleingärten konnten sie an ihren Nachfolger veräußern oder mitnehmen.

1930 gab es in Berlin 50 Kolonien des Vaterländischen Frauenvereins und 42 Kolonien des Volksheilstättenvereins. Die Pächter waren zu über 50 % gelernte und ungelernte Arbeiter, der Rest arbeitete als Angestellte, kleine Beamte oder Selbständige bzw. waren Rentner.

Handwerkerfamilie in ihrem Kleingartenheim. Foto: Gebrüder Haeckel

Sonstige Kleingärten

Alter Laubenpieper und zufriedener Hund. Foto: Gebr. Haeckel

Auch andere gemeinnützige Vereine trugen zum Aufbau des Berliner Kleingartenwesens bei. Sie stellten entweder ausschließlich ihren Mitgliedern oder anderen bedürftigen Personen preisgünstig Kleingartengelände zur Verfügung.

Je nach Zielsetzung der Vereine hatten die Laubenkolonien ein unterschiedliches Gesicht: Waren die Kleingärten lediglich über kurzfristige Pachtverträge gesichert, die beinahe täglich gekündigt werden konnten, so machten die Parzellen einen eher provisorischen Eindruck. Es wurden nur wenige Obstbäume gepflanzt, und die Laube blieb provisorisch. Befanden sich die Gärten jedoch im Eigentum der Vereinsmitglieder, so wurde im Kleingarten auch viel investiert. Ein Beispiel für diese Art von Kleingärten waren die Laubenkolonien des "Deutschen Bundes der Vereine für naturgemäße Lebens- und Heilweise". Diese Vereine pachteten entweder Gelände sehr langfristig oder kauften es. Die Kleingärten wurden ausschließlich an Mitglieder zu einem Zins von 5 Pf bis 20 Pf pro qm weiterverpachtet und von ihnen überwiegend zur Gesunderhaltung und Erholung genutzt. So hieß es in der Satzung des Vereins: "Kräftigung und Erhaltung der Gesundheit durch den Aufenthalt im Garten, Einrichtung von Luft- und Sonnenbädern, vernunftgemäße Ernährung des menschlichen Körpers, diese Ziele soll ihnen der Garten verwirklichen helfen".

An diese weitgehenden Ziele wagte aber die überwältigende Zahl der Berliner Laubenkolonisten nicht zu denken. Sie konnten schon froh sein, wenn die Familie satt zu essen und ein Dach über dem Kopf hatte: Und vor allem dazu wurde der Garten bewirtschaftet.

In Berlin besaßen die Vereine der naturgemäßen Gesundheitspflege nur relativ wenige Gärten: 1930 gab es nur 286 Parzellen, die in Wilmersdorf, Schöneberg und Spandau lagen. Eine Kolonie dieses Vereins existiert noch heute im Charlottenburger Kolonieverbund Ruhwald. Sie unterscheidet sich durch die geringen Parzellengrößen von den umliegenden Kolonien. 1986 konnte sie ihr 100jähriges Jubiläum feiern.

1920 wurde der "Postkleingärtner- und Kleintierzüchterverein" gegründet, der gleich 4 000 Mitglieder in seinen Reihen aufnehmen konnte. Die Berliner Oberpostdirektion wollte durch Bereitstellung von Parzellen auf städtischem Land, Verteilung von Dünger u.ä. die finanzielle Situation ihrer Beamten, Angestellten und Arbeiter aufbessern. Die Post-Kleingärten sollten sich jedoch in den folgenden Jahren nicht bewähren: Im Rahmen von Sparmaßnahmen strich die Post ihre Unterstützungen. Zudem konnten aufgrund des Schichtdienstes die Pächter die am Rande der Stadt gelegenen Gärten nur sporadisch bewirtschaften. Deshalb nahm die Mitgliedszahl dieses Vereins bis 1930 wieder stark ab.

Dagegen haben sich die Kleingärten des "Bezirksverbands Deutscher Reichsbahnkleingartenvereine im Reichsbahndirektionsbezirk Berlin" sehr gut bewährt. 1930 gab es in Berlin ca. 5 000 Kleingärten auf Bahngelände bei einer Parzellengröße zwischen 350 qm und 600 qm. Insgesamt betrug die kleingärtnerisch genutzte Fläche in Berlin 238 ha. Im Gegensatz zu den Gartenfreunden, die ihre Parzelle von den Generalpächtern pachten mußten, waren die Pachtbedingungen der Reichsbahner geradezu ideal. Der Pachtpreis betrug nur etwa ein Drittel des sonst üblichen Zinses. Gekündigt wurden die Gärten nur, wenn die Bahn ihr Gelände selbst für neue Bahnanlagen benötigte. Die Reichsbahngärten waren im ganzen Deutschen Reich verbreitet. Auch heute gibt es in Berlin (West) noch viele Bahn-Kleingärten. Ihr Anteil beträgt heute mit etwa 2 500 Parzellen gut 5 % aller hier existierenden Kleingärten.

Neben den geschilderten Institutionen beschäftigten sich noch viele kleinere Berliner Vereine und Genossenschaften mit dem Kleingartenwesen. Ihre Kolonien umfaßten jedoch nur unbedeutende Flächen, die nach einigen Jahren wieder aufgegeben werden mußten oder im Zuge baulicher Entwicklungen gekündigt wurden.

Da die Mehrzahl der Kleingärtner in Berlin lange auf einen rechtlichen Kündigungsschutz ihrer Parzellen warten mußten und der Willkür der Verpächter ausgesetzt waren, fanden sie sich zu eigenen Vereinen zusammen. So konnten sie selbst Land pachten und eigene Pachtbedingungen für ihre Mitglieder erlassen. Durch ihr solidarisches Auftreten traten sie den schlimmsten Auswüchsen des Berliner Kleingartenwesens entgegen und kämpften für ihre Rechte. Aber auch Geselligkeit wurde neben der Vermittlung von gartenbaulichen Informationen großgeschrieben. Die genossenschaftlichen Kleingartenvereine – von denen es heute auch noch einige gibt – stellen ein Stück Selbstorganisation der Arbeiterschicht im Kampf gegen Unterdrückung und Ausbeutung dar.

Die gegen Frau Neumann, Treptow, Parkstr. No. 2, ausgestoßene Beleidigung nehme ich hiermit als unwahr zurück.

L. Roß

Friedrichsfelder Strasse 19.

Allen werten Bundeskollegen und Abonnenten ein herzliches

Prosit Neujahr!

Carl Eschenhorn.

Inserate in "Der Laubenkolonist" Neujahr 1905

Kolonisten Neujahrswünsche

Schlummern auch im Schoß der Erde
alle Kräfte der Natur,
überall nur Totenstille und ein tiefes
Schweigen nur?
Welke Blätter, kahle Äste, die nur
rauher Wind durchweht,
Keine Blüte, keine Knospe mehr in
unserm Garten steht.

Klanglos Wimmern anstatt Singen
der sonst munter'n Vogelschar,
dichter Nebel vor der Sonne,
lange Nacht und kurzer Tag,
und der Türme Glockenläuten, sonst so lieblich unserm Ohr,
dringt jetzt in gedämpften Tönen
durch die rauhe Luft hervor.

Doch der Mensch der soll nicht schlummern, sondern seiner Kräfte bar
immer weiter vorwärts streben, mehr als in dem alten Jahr.
Suchen alles abzuwehren, was die Freiheit ihm bedroht,
immer weiter agitieren in dem Kampf für Recht und Gut.
Daß Problem- und Tagesfragen, allenthalben diskutiert,
durch die Kolonistenfrage künftig jeden interessiert.
Daß mit Scharen neuer Streiter unser lang begonn'nes Werk,
das uns allen aufgezwungen, zur Vollendung wird gestärkt.

Jene Fragen einst zu lösen, jedes Kolonisten Pflicht,
wird dem Nörgler nicht gelingen, auch dem Herdenlosen nicht.
Einzeln Macht wird jäh gebrochen, mit Chikanen überhäuft,
und die Willkür triumphieret, und das neue Ziel ist nicht erreicht.
Doch in der Gesamtheit Willen, liegt verborgen jene Kraft,
die dem Einen wie uns allen Freiheit auf den Feldern schafft,
die dem Gros der Felddespoten seine eisern' Stirne zeigt,
bis sie einst am Boden bleiben, dann ist unser Ziel erreicht.

Aber schon im engen Kreise bricht der Rigorosen Macht,
stehet hilfreich dem zur Seite, der der Freiheit Opfer bracht?

DIE BERLINER KLEINGARTEN-ORGANISATIONEN

Die von den Laubenkolonisten selbstorganisierten Kleingartenvereine schlossen sich 1901 zur "Vereinigung sämtlicher Pflanzervereine Berlins und Umgebung" zusammen. Später ging aus dieser Vereinigung "Der Bund der Laubenkolonisten Berlins und Umgebung" hervor. Hauptziele der Vereinigung und des Bundes war die Bekämpfung der Bodenspekulation der Generalpächter sowie des Verzehrzwangs in den Kantinen, der zu starkem Alkoholkonsum führte.

Da die Vereine als Zwischenpächter nun selbst Land pachteten, waren sie als Konkurrenten für die Generalpächter eine starke Bedrohung, so daß sie von diesen folglich stark bekämpft wurden: Schon bei einem Besuch von Versammlungen der Selbstorganisation der Kleingärtner drohte den Gartenfreunden von den Generalpächtern die fristlose Kündigung ihrer Parzellen.

Als eigenes Publikationsorgan gab der "Verein" und später der "Bund" seit 1903 die Zeitschrift "Der Laubenkolonist" heraus. In dieser Zeitschrift stellte er 1908 seine Ziele so dar: *"Eine ständige Sorge bilden für den Laubenkolonisten auch die immer mehr und mehr steigenden Pachtpreise. Diese sind in der Hauptsache darauf zurückzuführen, daß die Laubenländerei ein Tummelplatz für die Privatspekulation ist. Finden doch einzelne Personen ihren Erwerb darin, daß sie Ländereien pachten und dieselben dann mit gehörigem Aufwand weiter verpachten. Auch der leidige Trinkzwang, darin dargestellt, daß derjenige Pächter der angenehmste ist, der am meisten verzehrt, ist geeignet, dem Kolonisten die Freude an seiner Parzelle zu vergällen. Um all diesen Mißständen in wirksamer Weise zu begegnen, haben sich schon vor Jahren die Pächter vieler Kolonien zusammengeschlossen und eine Zentrale im Bund der Laubenkolonisten Berlins und Umgebung geschaffen, von der aus die Interessen der Kolonisten in der wirksamsten Weise vertreten werden. Eine der idealsten Aufgaben des Bundes ist es, geeignetes Pachtland zu erwerben und eigene Laubenkolonien zu gründen".*

Weitere Ziele dieses von der Sozialdemokratie stark beeinflußten proletarischen "Bundes" waren die rechtliche Absicherung des Berliner Kleingartenwesens und die Schaffung von Dauerkolonien. Aber auch durch übergreifende politische Forderungen sollten die Kleingärtner an Einfluß gewinnen und ihre Interessen besser vertreten werden. Hierzu gehörten das allgemeine und gleiche Wahlrecht, denn nicht zuletzt das undemokratische Dreiklassenwahlrecht begünstigte die reichen Bodenspekulanten, die dadurch einen überproportionalen Einfluß auf die Stadtpolitik Berlins ausüben konnten.

Als Selbsthilfemaßnahmen vermittelte der Bund gärtnerisches Fachwissen, gewährte Rechtsschutz, vergab Sparkarten für den Gartenbedarf und betrieb eine Sterbekasse. Daneben gründete er 1910 die "Berliner Landpachtgenossenschaft", deren Ziel die Anpachtung von Boden war.

Um die Selbstorganisationen der Kleingärtner besser bekämpfen zu können, gründeten die Generalpächter ihrerseits als Gegenorganisation den "Verein der Generalpächter für Laubenland von Berlin und Umgebung".

Die im Bund zusammengeschlossenen Laubenkolonisten waren außerdem den Repressalien der Berliner Verwaltung ausgesetzt. Ihr waren die sozialdemokratisch motivierten politischen Aktivitäten des Bundes ein Dorn im Auge. So wurden Versammlungen verboten, ja Razzien in den Kolonien durchgeführt.

Während der Bund anfangs wenig Zulauf hatte, bestand er 1911 – in diesem Jahre wurde er in "Verband der Laubenkolonisten Berlins und Umgebung" umbenannt – aus 20 Vereinen und etwa 1.000 Mitgliedern. Vier Jahre später waren in diesem Verband schon 159 Vereine und 13.000 Mitglieder organisiert.

Parallel zu der proletarischen Organisation der Laubenkolonisten gab es noch einen eher dem karitativen, bürgerlichen Bereich zuzuordnenden Zusammenschluß der Kleingärtner. Er wurde 1909 unter dem Namen "Zentralverband Deutscher Arbeiter- und Schrebergärtner" gegründet. Neben den Schrebervereinen gehörte dem Zentralverband ein weites Spektrum bürgerlich orientierter Kleingartenvereine an, z.B. der "Verein der Kleingartenpächter in Blankenburg", bei dem die Laubenkolonisten ihre Parzelle direkt von der Stadt pachten konnten, der "Deutsche Bund der Vereine für naturgemäße Lebens- und Heilweise in Berlin" und die Arbeiterkolonien des Roten Kreuzes.

Da die Ziele des Zentralverbandes bürgerlich geprägt und vollkommen staatskonform waren, wurde er als Konkurrenzorganisation zum Verband der Laubenkolonisten vom Staat und von bürgerlichen Organisationen entsprechend gefördert, so "durch zum Teil nicht unbeträchtliche Zuwendungen aus den Kreisen gemeinnützig denkender Privatleute", wie der Mitbegründer der Rote-Kreuz-Gärten, Geheimrat *Bielefeld*, 1931 schrieb. Auch vom Preußischen Landwirtschaftsministerium erhielt der Zentralverband finanzielle Zuwendungen.

Kleingärtnerin mit Leib und Seele

Diese beiden Kleingartenorganisationen sollten sich erst nach dem Ersten Weltkrieg vereinigen; bis dahin verfolgten sie unterschiedliche Interessen. Kontakte fanden kaum statt, man ging sich lieber aus dem Wege.

Die aus kriegswirtschaftlichen Gründen erfolgte starke Förderung des Kleingartenwesens durch den Staat im Ersten Weltkrieg führte zur Institutionalisierung staatlicher Kleingartenstellen. Dadurch bahnten sich Kontakte zwischen dem "Verband" und der "Zentralstelle" an.

Schließt euch zum Verein zusammen,
der der Protzen größter Schmerz
der manch Gutes schon geschaffen,
manches Übel ausgemerzt.
Der erfolgreich sich gen Zwang, gegen jeden Druck bewährt,
wie dem Rahtsch und dem Marowski
und dem Korus mores lehrt.
Der sie, statt euch aufzudrängen ihren Fusel oder Bier,
ihres Willens Grenze zeiget, oder schließlich boykottiert.
All die Übel bringt alleine unser aller Dornenweg:
Das System der Landverpachtung,
das noch Recht des Privilegs.
Wo man noch Tribut bezahlet, dem der schon genügend hat,
der, uns abseits und entfremdet, weder Land noch Laube hat.
Seht euch Rixdorfs Stadtverwaltung,
sie zertrat der Schlang' den Kopf
seht dagegen die Berliner, immer noch im alten Zopf.
Diesen Zopf herunterreißen, das System mit Stumpf und Stiel,
muß und wird uns einst gelingen,
wenn wir all' zusammensteh'n.
Wer gewillt drum mitzukämpfen, gegen Ausbeutung und Schand,
trete flugs an uns're Seite, längst ist ihm der Weg gebahnt.
Strömt herbei in hellen Scharen, öffnet furchtlos Herz und Mund.
Tausendstimmig, frei und offen, tuet euren Willen kund.
Dann wird man euch respektieren,
wägen, was die Masse spricht,
nicht mehr länger vorenthalten, was ein einfach menschlich Recht. Und das Heer der Parasiten wird zur Arbeit wiederkehr'n.
Und die liebe grüne Heimat wird Erholungsstätte werden.

(R. van Hooren)

Mit dem Ausbruch des Krieges nahm die wirtschaftliche Funktion der Kleingärten und somit auch die Nachfrage nach Gartenland stark zu. 1915 wurde von den Berliner Laubenkolonisten mit der Gründung eines "Kriegsausschusses der Groß-Berliner Laubenkolonien" eine Plattform für die gemeinsame Arbeit der beiden großen Kleingartenorganisationen geschaffen.

Das erste gesetzmäßige staatliche Eingreifen in das Kleingartenwesen erfolgte am 4. April 1916. Der Bundesrat des Deutschen Reiches verfügte mit Bekanntmachungen, daß Pachtpreisobergrenzen einzuhalten seien. Damit wurden die Laubenkolonisten vor zu hohen Pachtforderungen bewahrt, denn aufgrund der Kriegszeit klaffte die Schere zwischen Bedarf und Angebot an Kleingärten besonders weit auseinander, so daß überhöhte Pachtpreise gefordert und bezahlt wurden.

Daß jetzt während des Krieges auch der Staat die große ernährungspolitische Bedeutung der Kleingärten erkannte und das Kleingartenwesen – wenn auch zunächst zaghaft – förderte, zeigt auch die Bekanntmachung über "Die Bereitstellung von städtischem Gelände zur Kleingartenbestellung". Mit dieser Verordnung sollte nichtbestelltes landwirtschaftliches Gelände auch im Stadtgebiet kleingärtnerisch genutzt werden, ja der Eigentümer konnte zu diesem Zweck sogar zwangsenteignet werden.

Ebenso gründete die Reichsregierung 1916 die "Zentralstelle für den Gemüsebau im Kleingarten". Der Vorsitzende, Geheimrat *Bielefeld*, umschreibt die Aufgaben der Zentralstelle:

"– vermittelnde und beratende Tätigkeit
– Einrichtung und Überwachung von Muster- und Versuchs-, von Schul-, Schüler- und Jugendgärten
– Gewährung von Unterstützung an Kleingärtner-Organisationen
– schiedsrichterliche Tätigkeit
– Zusammenarbeit mit Kleingartenvereinen, Verbänden und Gemeinden
– Sammlung und Austausch von Erfahrungen"

Die kaiserliche Kriegswirtschaft versuchte also mit der Errichtung der "Zentralstelle", das Kleingartenwesen als kriegswichtigen Nahrungsmittelproduzenten in ihre zentralistische Kontrolle zu bekommen.

Großfamilie im Kleingarten, etwa 1915

DIE ENTWICKLUNG DER BERLINER KLEINGÄRTEN

Weimarer Republik

Die Weimarer Republik war die Blütezeit des Berliner Kleingartenwesens, das – wie die "Goldenen Zwanziger" – seinen Höhepunkt um das Jahr 1925 hatte.

Bessere gesetzliche Bestimmungen, die Stärkung der Selbstorganisation und die Erweiterung des Kleingartengeländes gaben dem Kleingartenwesen nach dem Ersten Weltkrieg nicht nur in Berlin ein besonderes Gewicht. Die wirtschaftliche Krisensituation der jungen Republik tat ein übriges: Wie immer in der Kleingartengeschichte wird sich der Staat vor allem in Not- und Krisenzeiten der Bedeutung dieser kleinen Grünanlagen bewußt, da sie dann für die Ernährung und als Notwohnungen von besonderem volkswirtschaftlichen Nutzen sind. Mit der Förderung des Kleingartenwesens konnte der junge Staat außerdem seine Reformambitionen dokumentieren und sein sozialdemokratisches Gepräge aufpolieren. Überhaupt war ja das städtische Freiflächenwesen ein bevorzugtes Feld für sozialpolitische Maßnahmen. Man denke auch an die großen Volksparks, die damals in Berlin entstanden.

Elf Tage vor der Verkündigung der Weimarer Verfassung wurde das erste deutsche Kleingartengesetz, die "Kleingarten- und Kleinlandpachtordnung (KGO)" verabschiedet; mit ihr wurde der entscheidende Schritt für die Sicherung und Entwicklung der Kleingärten gemacht. Die "Preußischen Ausführungsbestimmungen" legten z.B. fest, welche Voraussetzungen für eine Anerkennung als gemeinnützige Organisation zur Förderung des Kleingartenwesens gegeben sein mußten bzw. welche Merkmale für eine "nichtgewerbsmäßige gärtnerische Nutzung" entscheidend waren. Es gab jetzt eine Größenbegrenzung für die Parzellen, die bei 625 qm lag, und Auflagen, die zur Vielseitigkeit der Bodennutzung führen sollten: Es sollten nicht nur einseitig Blumen, Futter, Obst, Gemüse oder Kartoffeln angepflanzt werden. Jetzt war auch eine Zwangspacht möglich, d.h. private Grundstücke konnten ohne Einverständnis des Besitzers als Kleingartengelände genutzt werden. Das Wichtigste für die Gartenfreunde war das Ende des ausbeuterischen Generalpächtersystems, die Erfüllung einer jahrelangen Forderung der Kleingartenorganisationen.

Trotz nach wie vor großer Differenzen zwischen den beiden Kleingärtnerorganisationen "Verband der Laubenkolonisten in Berlin und Umgebung", der sich 1919 in den "Zentralverband der Kleingärtner" umbenannt hatte, und dem "Zentralverband Deutscher Arbeiter- und Schrebergärten" schlossen sie sich 1921 zum "Reichsverband der Kleingartenvereine Deutschlands" zusammen. Berlin als Reichshauptstadt und Stadt mit den meisten Kleingärten war in diesem Verband dominierend. Die Laubenpieperstadt des Reiches war Berlin.

Wie populär die Berliner Laubenkolonien waren, wird an dem Lied Claire Waldoffs deutlich, die in den zwanziger Jahren in Berlin-Wilmersdorf einen Kleingarten selbst bewirtschaftete:

Sonntagnachmittag. Zusammensein im Gasthaus der Kolonie "Gemeindeland Britz"

Die Laubenkolonie

Jibt es denn wat Besseres
Als wie Frühlingsluft
Und den Blütenduft
Und den Sonnenschein
Und die Vögelein
Tititirili in de Laubenkolonie.

Jibt et denn wat Schöneres,
Als wenn Sonntags so
Quietschvergnügt und froh
Sie ihm unterfäßt.
Und sich führen läßt
Schon am Morgen früh
In de Laubenkolonie.

Jibt's wat Angenehmeres
Wie so'n Frühstücksschmaus,
Sie packt Stullen 'raus,
Er vier Flaschen Bier,
Eine jibt er ihr,
Und dann schwelgen sie
In de Laubenkolonie.

Jibt es denn wat Süßeres
Als so Mund an Mund
Sitzen Stund' auf Stund',
Dabei unverwandt
Auch noch Hand in Hand,
Dichte Knie bei Knie
In de Laubenkolonie.

Jibt es wat Belehrendert
Als so rumzujehn
Und sich anzuseh'n,
Wie die Erbse steht
Jroß und stark in't Beet,
Jott, wie die gedieh
In de Laubenkolonie.

Jibt es denn wat Molligert,
Als wenn peu à peu
Müde werd'n die Zwee
Und so sachte denn
Auf'm Rasen penn'n
Beide, er und sie
In de Laubenkolonie.

Überblick über die Dauerkolonie Rehberge. Foto: Landesbildstelle Berlin

Nachdem sich das Kleingartenwesen in Berlin als gesellschaftliche Kraft konsolidiert hatte, kamen auf den Reichsverband neue Probleme zu. Eine große Unsicherheit war für die Laubenkolonisten die nicht abgesicherte Pachtdauer für ihre Parzellen. Mit zunehmender Bautätigkeit nach dem Krieg mußten immer wieder Kleingärten dem Wohnungsbau weichen und wurden an die Stadtperipherie gedrängt. Die Forderung nach unkündbaren Dauerkleingärten war weiterhin eines der wichtigsten Anliegen der im “Reichsverband” zusammengeschlossenen Kleingärtner.

Diese Forderung wurde mit der Verabschiedung einer Magistratsvorlage am 15. Dezember 1927 zum großen Teil erfüllt; 2.099 ha Gelände wurden für Dauerkolonien und Heimstättengebiete planungsrechtlich abgesichert. Etwa ein Viertel dieser Fläche war schon kleingärtnerisch genutzt, der Rest lag zum überwiegenden Teil am Stadtrand in S-Bahnnähe.

Die erste Dauerkleingartenanlage Berlins und des Deutschen Reiches war die Kolonie “Rehberge”, die als integrierter Bestandteil des “Volksparks Rehberge” ab 1926 im Wedding geschaffen wurde. Bei dieser als “Musteranlage” bezeichneten Kolonie wurden genaue Vorschriften über die Gartennutzung, drei Laubentypen und gleiche Parzellenmaße vorgegeben. Für dieses Vorzeigeobjekt wurden die einzelnen Pächter nach bestimmten sozialen Kriterien ausgesucht.

Da die Kleingärten in den Notzeiten nach dem Krieg und während der Inflationsjahre eine wichtige ernährungspolitische Rolle spielten und zudem viele Lauben auch als Wohnstätten dienten, nahm der Kleingartenbestand Anfang der zwanziger Jahre noch einmal beträchtlich zu.

Jeder Berliner Kleingärtner muß einmal die Dauerkolonie Rehberge gesehen haben.

Die Gartenwelt.

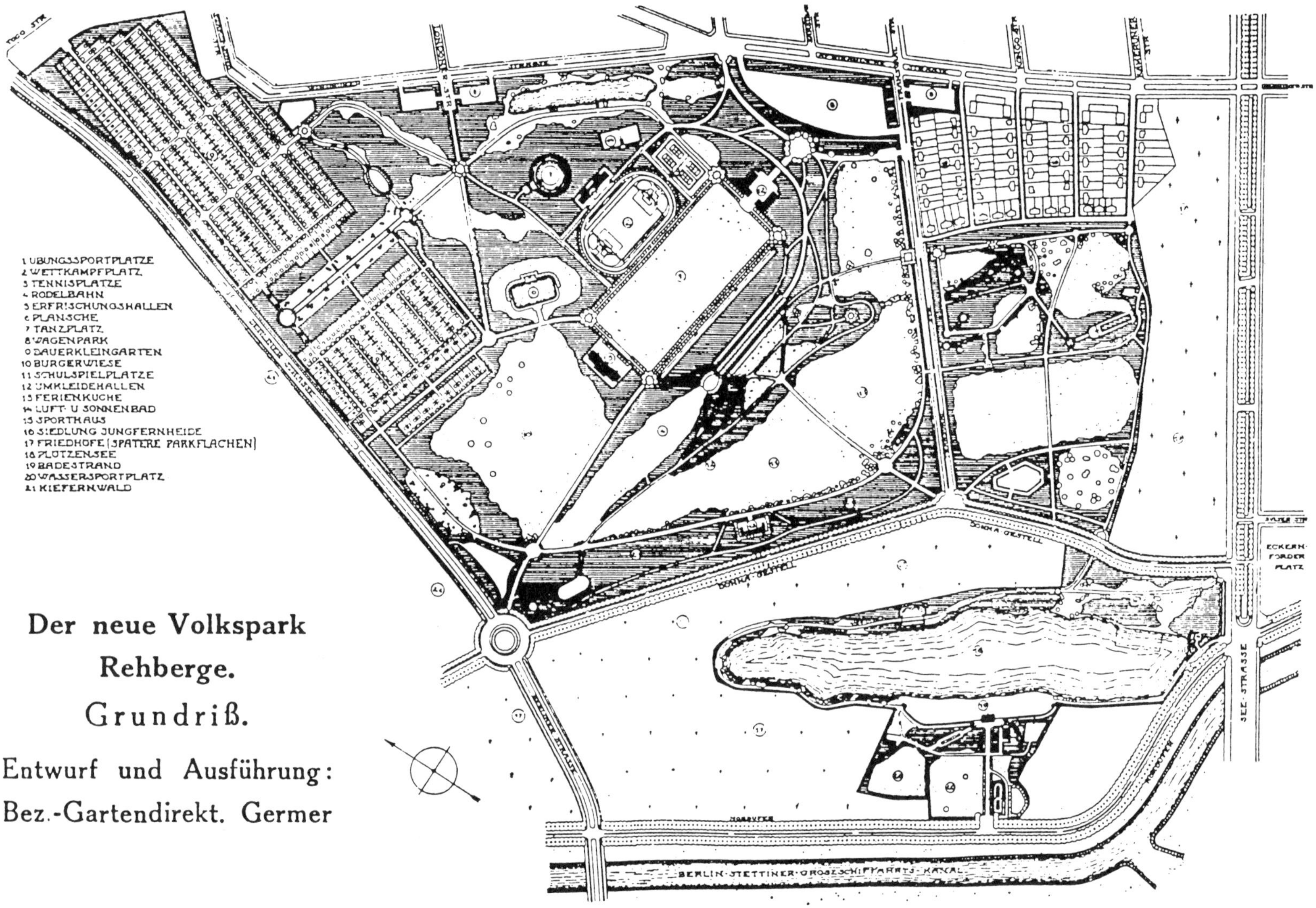

Der neue Volkspark Rehberge.

Grundriß.

Entwurf und Ausführung:
Bez.-Gartendirekt. Germer

Umfaßte die Kleingartenfläche in Berlin vor Ausbruch des Krieges etwa 1.200 ha, so stieg sie bis 1922 auf 6.148 ha an, verfünffachte sich also. 1925 war ein Berlin mit 6.239 ha genutzter Kleingartenfläche das Maximum erreicht.

Mit der Konsolidierung der wirtschaftlichen Verhältnisse gaben jene Pächter, die die Parzellen überwiegend als Kartoffel- und Gemüseäker genutzt hatten, ihre Pacht auf. Auch die zunehmende Bautätigkeit hatte Anteil an den Kleingartenverlusten nach 1925. Besonders in Steglitz, Tempelhof, Wilmersdorf, Zehlendorf, Lichtenberg und Köpenick wurden Tausende von Parzellen überbaut. 1930 wurden in Berlin nur noch 4.450 ha Kleingartengelände bewirtschaftet.

Mit Beginn der Weltwirtschaftskrise nahm die Bedeutung und das Interesse der Berliner Bevölkerung an den Gärten wieder zu. Mit der “dritten Verordnung des Reichspräsidenten zur Sicherung von Wirtschaft und Finanzen und zur Bekämpfung politischer Ausschreitungen vom 6.10.1931” sollte die ernährungspolitische Funktion des Kleingartengeländes erneut an Bedeutung gewinnen. Gleichzeitig erhoffte sich der Staat durch die Ausweitung des Kleingartengeländes eine Befriedung politischer Unruhen und eine Bindung der Arbeiter und Arbeitslosen an ihre Scholle. Die Absichtserklärungen des Reichspräsidenten schlugen sich jedoch nicht in einer spürbaren Zunahme von Kleingärten nieder. Bis zum Ausbruch des Faschismus stagnierte der Bestand von Kleingärten auf dem Niveau von 1930.

Kaffeeklatsch beim Laubenbau. Foto: Otto Haeckel

Drittes Reich

1933 wurde der Reichsverband der Kleingartenvereine Deutschlands ohne großen Widerstand seitens der Kleingartenfunktionäre “gleichgeschaltet”. Die Verbandsleitung wurde durch eine den neuen Machthabern genehme ersetzt und die Kleingartenorganisation in den “Reichsverband der Kleingärtner und Kleinsiedler” umbenannt. 1938 erhielt der Verband eine neue Satzung, die das Führerprinzip übernahm und keinerlei demokratische Organisationsform mehr zuließ. Gleichzeitig wurden die Kleinsiedler aus dem Verband ausgegliedert; sie erhielten eine eigenständige Organisation.

Da die Nazis meinten, faschistische Ideologien auf das Kleingartenwesen leicht übertragen und es zur Förderung ihrer Interessen einvernehmen zu können, haben sie es in Berlin, vor allem verbal, stark gefördert. In ihrer Siedlungspolitik zeigten sich die großstadtfeindlichen Vorstellungen der Nationalsozialisten: Die Großstadt war ihrer Meinung nach eine Stätte der Rassendurchmischung und der Naturentfremdung des arischen Menschen. Nach der Ideologie von Blut und Boden sollten die Arbeiter an ihre Heimat gebunden werden, wozu eigener Boden beitragen sollte. “Hierzu ist das Kleingartenwesen in besonders hervorragendem Maße berufen ... Der Kleingarten ist eine Stätte, wo der erbgesunde deutsche Stadtmensch mit dem Boden in Verbindung gebracht wird, wo er sein bäuerliches Denken erhält und somit das städtische Leben mit seinem bäuerlichen Denken beeinflußt” (*Steinhaus*, 1938). Weiter führt der Nazi-Ideologe *Steinhaus* aus, daß hiermit der Zweck verfolgt werden sollte, die “Charaktereigenschaften der nordischen Rasse zu pflegen

Wohnwagen-Kolonie in Plötzensee, 1934. Foto: Landesbildstelle

und sie wieder zum Allgemeingut der Nationalsozialistischen Erziehungsarbeit" zu machen.

Entsprach nach ihrer Einschätzung schon das Bedürfnis nach Kleingärten der faschistischen Ideologie von der Verherrlichung und Romantisierung des deutschen Bauerntums, so versuchten die Nazis die Kleingärtner für sich zu vereinnahmen. Anscheinend vergessen war der Kampf der Kleingärtner gegen staatliche Willkürherrschaft, gegen Ausbeutung durch Spekulanten, die Schaffung neuer Formen von Selbsthilfe gegen das Wohnungselend und Hunger sowie die Pflege sozialdemokratischer und kommunistischer Traditionen.

Wie *Kammler* 1935 geschichtsverdrehend ausführt, sind die Kleingärtner "die erblich gesunden, noch natur- und bodenverbundenen Kreise der städtischen Bevölkerung, die sich in der Zeit des Liberalismus und Marxismus aus eigenen Kräften ein Stückchen Land oder Eigentum erworben und damit den Wert ihrer Erbmasse und z.T. auch ihr bäuerliches Empfinden bewiesen" hatten.

Der Schritt auch zur bevölkerungspolitischen Heroisierung der Kleingärtner ist jetzt nicht mehr weit. Hierzu führt *Kammler* aus: "Der Arbeiter in den Mietskasernen hat bekanntlich immer noch die meisten Kinder. Der Arbeiter, der

Geflügelhaltung in der Siedlung 'Neue Zeit' in Wittenau. Foto: Landesbildstelle

neben seiner Mietswohnung noch einen Kleingarten hat, ist nachweislich der körperlich und erblich gesündere der Stadtbevölkerung. Es ist somit möglich, ohne große Aufwendungen einen großen Teil unserer wertvollsten Arbeiter durch Kleingärten gesund zu halten". Und der "Leiter des Reichsnährstandes", *Ebert*, faßt kurz und knapp zusammen: "Der Reichsnährbund erblickt in bevölkerungspolitischer Hinsicht am Anfang des Blutstromes den Erbhof und an seinem Ende den Kleingarten".

Die volkswirtschaftliche Bedeutung der Kleingärten wird gut ersichtlich aus einer Erhebung des Reichsbundes über die Produktionszahlen aus dem Jahre 1936. Insgesamt produzierten 900.000 deutsche Kleingärtner 350 Mill. kg Obst, 290 Mill. kg Gemüse, 120 Mill. Eier, 600.000 Stück Schlachtgeflügel, 4 Mill. Liter Ziegenmilch und 3 Mill. kg Kaninchenfleisch.

Auf diese Erträge wollte der nach wirtschaftlicher Autarkie strebende Staat selbstverständlich nicht verzichten, ja die Umstellung auf die Ziele der Kriegswirtschaft in der zweiten Hälfte der dreißiger Jahre gab diesem Ziel noch größeres Gewicht. *Steinhaus* unterstreicht diese volkswirtschaftliche Bedeutung: "Aus der Tatsache her-

Mein Schrebergarten

Von Soldat Carlo Schuhardt
Feldpost-Nr. 36 748

Ist des Tages Werk zu Ende
Schaffen tausend fleiß'ge Hände
Draußen zwischen Stadt und Land.
Und wo einst auf ödem Sand
Unkraut wuchert, da erfreut
Uns ein einz'ger Garten heut'.
Dicht, auf allerkleinstem Raum
Beet an Beet, auch Busch und Baum.
Was im Lenz gepflanzt, gesät,
Jetzt im schönsten Schmucke steht.
Erbsen ranken, Bohnen klettern,
Beeren, Früchte zwischen Blättern.
Ausgerichtet wie Soldaten,
Stehen prangend rot Tomaten
Zwischen Kohl und Sellerieknollen.
Für die Kinder Platz zum Tollen
Und am sandbestreuten Pfad
Zeigen Blumen ihren Staat.
Als ich jüngst am Wegesrand
Vor eines Gartens Pforte stand,
Und auf all' das üpp'ge Grün
Herrlich golden die Sonne schien,
Fühlt ich tief, welch großes Glück
Beschert solch kleines Erdenstück!

1942

Laubenpieperfest in der Kolonie an der Neuköllnischen Allee. Foto: Landesbildstelle aus, daß Deutschland bestrebt sein muß, sich so weit wie möglich aus der eigenen Ernte zu versorgen und damit wirtschaftlich wie auch politisch immer freier und unabhängiger vom Ausland zu werden, erwächst die unbedingte Notwendigkeit, das deutsche Kleingartenwesen nachhaltig zu fördern".

Der nationalsozialistische Staat erkannte diese ökonomische Bedeutung der Kleingärten und förderte entsprechend den Nahrungsmittelanbau. Noch 1933 war der Verkauf von Produkten aus dem Kleingarten verboten, um keine Konkurrenz zum erwerbsmäßigen Obst- und Gemüsebau zuzulassen. Zu Beginn des Weltkriegs wurde jedoch die Verringerung des Zierpflanzenanteils empfohlen, um mit zusätzlicher Gemüseproduktion die Volksernährung zu sichern. Aus diesen Gründen kam es auch in den Kriegsjahren zu verstärktem rechtlichen Kleingartenschutz. So waren z.B. Kündigungen nur aus Kriegsgründen möglich.

Den Kleingärten wurde auch noch eine direkte strategisch-militärische Bedeutung attestiert: Zum einen, daß sie "zwangsläufig den Wehrwillen" des Kleingärtners erhöhen, zum anderen, dadurch daß Kleingärten im Stadtgefüge zur

In der Kleingartensiedlung Neuland II, Britz 1939. Foto: Landesbildstelle

besseren Entlüftung beitragen, sollten sie auch Schutz gegen Luftangriffe bieten. Deshalb sollte "allen Bestrebungen, Kleingartenanlagen innerhalb der Städte für andere Zwecke in Anspruch zu nehmen, möglichst entgegengetreten und im Gegensatz zu diesen Bestrebungen auf eine Vermehrung solcher Anlagen hingewirkt" werden (aus einem Erlaß des Oberkommandos des Heeres).

So sah also die ideologische Verherrlichung des Kleingartenwesens im Nationalsozialismus aus, die Praxis war für die Berliner Kleingärtner eine ganz andere: Zwar stieg der Kleingartenflächenanteil in Berlin zwischen den Jahren 1934 und 1937 um etwa 10 % auf 5.160 ha an, aber eine weitere kontinuierliche Förderung durch Flächenerweiterung war nicht zu registrieren. Dagegen nahmen die Kleingartenkündigungen zu. Vor allem in den Bezirken Neukölln, Charlottenburg, Spandau und Tempelhof wurden viele Parzellen vernichtet. Schöneberg verlor 1937 fast alle seine Kleingärten, als auf dem Südgelände ein strategisch wichtiger Post- und Güterbahnhof geplant wurde. Die größte Kündigungswelle gab es 1938, als 475 ha Kleingartenland geräumt, aber nur die Hälfte dieser Fläche wieder neu angelegt wurde, überwiegend in den Ostberliner Bezirken Treptow, Köpenick und Lichtenberg.

Während des Krieges wurden die Lauben in den Berliner Kleingärten zunehmend als Ersatzwohnungen für die zerbombten Wohnhäuser genutzt. Mit den allereinfachsten Mitteln, häufig aus Trümmerschutt, bauten sich die Kleingärtner ihre Lauben zu Wohnlauben um. Daß man sich in dieser Zeit nicht um irgendwelche baurechtlichen Vorschriften kümmerte, war selbstverständlich. Etwa 60 % der Berliner Klein-

Siedlung "Neue Zeit" in Reinickendorf. Foto: Landesbildstelle Berlin

Kleingärtner

Der Winter weicht – Schon ist es März!
Nun geht's mit Hacke und mit Spaten,
Mit alter Kraft zu neuen Taten! –
Denn Arbeit gibt es allerwärts!

Wenn du den lieben langen Tag
An deinem Arbeitsplatz geschaffen,
Wo ringsumher die Schlote paffen,
Und Staub und Qualm dir machen Plag,
Ist's gut, daß du dich dann entspannst,
Wenn du an deinem Feierabend,
An würz'ger, frischer Luft dich labend,
In deinem Garten schaffen kannst!

Ist er auch klein, so macht er doch
Der Heimatscholle dich verbunden,
Du hast dein kleines Glück gefunden,
Denn – alte Sehnsucht lebt ja noch!
Nicht jeder kann ein Bauer sein.
Schaff' du bei deiner Arbeit tüchtig,
Denn auch dein Werk ist lebenswichtig. –
Doch abends sollst du dich erfreu'n
An deinem kleinen Gartenglück!
Hier mag im Kleinen dir erblühen
Bei deiner Arbeit Schweiß und Mühen
Der Abglanz eigner Scholle Glück!

Drum fange an! Es ist schon März!
Stoß in die Scholle frisch den Spaten, –
Denn Landarbeit verlanget Taten!
Und Arbeit gibt es allerwärts!

Emil Boos

gartenlauben waren während des Kriegs bewohnt und dienten damit ca. 80.000 obdachlosen Familien als Dach über dem Kopf.

Zwar war seit der "Gleichschaltung" 1933 der Reichsverband der Kleingärtner mit linientreuen Funktionären besetzt, und – wie überall in Deutschland – gab es viele nationalsozialistische Anhänger auch unter den Kleingärtnern, doch in manchen Berliner Kolonien gab es Widerstandszonen gegen die Nazidiktatur. Hier wurde Solidarität mit Verfolgten geübt. Sozialdemokratische, kommunistische oder humanistische Traditionen verschwanden nicht völlig mit der Machtergreifung durch die Nationalsozialisten. Die noch nachbarschaftliche Geschlossenheit in den Berliner Kolonien, die sich über Jahrzehnte entwickelt hatte, verhinderte, daß die Nazis in diesen genossenschaftlichen Strukturen unbedingten Einfluß gewinnen konnten.

Mancher Gewerkschafter überlebte in einer Kleingartenlaube das "Tausendjährige Reich". In der Öffentlichkeit bekannt geworden sind besonders Einzelschicksale wie das des Quizmasters *Hans Rosenthal*, der ab August 1944 in einem Garten der Berliner Laubenkolonie "Dreieinigkeit" versteckt wurde und so den Krieg überleben konnte. *Hans Rosenthal* berichtet über diese Zeit in seinen Lebenserinnerungen: "Wenn ich heute auf mein Leben zurückblicke, so waren es diese drei Frauen aus der Kolonie "Dreieinigkeit" – Frau Jauch, Frau Schönebeck und Frau Harndt –, deren Hilfe es mir bis heute möglich gemacht hat, nach dieser für uns jüdische Menschen so furchtbaren Zeit unbefangen in Deutschland zu leben, auch als Deutscher zu fühlen, ohne Haß ein Bürger dieses Landes zu sein. Denn diese Frauen hatten ihr Leben für mich gewagt."

Nachkriegszeit

Wie stets in wirtschaftlichen Krisenzeiten stand in der Wiederaufbauphase die ökonomische Funktion der Kleingärten im Vordergrund. Jetzt galt es erstmal, ein Dach über dem Kopf zu haben und die Familie mit den allernotwendigsten Lebensmitteln zu versorgen. Die Kleingärten waren hierbei für die vielen Berliner, die sich glücklich schätzen konnten, eine Parzelle zu bewirtschaften, von unschätzbarer Bedeutung. Viele Brachflächen dienten in den Jahren 1948/49 als Grabeland, Grünflächen, wie der Tiergarten, wurden parzelliert und zum Kartoffelanbau genutzt. Aufgrund seiner hohen Bedeutung für Nahrungsmittelproduktion und Wohnen erreichte deshalb der Kleingartenflächenanteil in dieser Zeit in den West-Sektoren Berlins seinen bisherigen Höhepunkt.

Zum Ende des Zweiten Weltkrieges befand sich die Organisation des Kleingartenwesens in desolatem Zustand: Der Reichsbund Deutscher Kleingärtner hatte sich – wie viele andere Vereine und Institutionen – selbst aufgelöst. Im Juni 1945 wurde der "Provinzialverband Berlin-Brandenburg der Kleingärtner e.V." gegründet, der sich im März 1946 in "Zentralverband der Kleingärtner, Siedler und bodennutzenden Grundbesitzer" umbenannte. Auf Bundesebene gründete sich 1949 der "Verband Deutscher Kleingärtner e.V.". Neben den im Zentralverband zusammengeschlossenen Kleingärtnern existieren in Berlin noch die Kleingärten der Eisenbahn-Landwirtschaft, die über eine eigene Dachorganisation verfügen. Die Kleingärtnerorganisation in Ost-Berlin nennt sich "Verband der Kleingärtner, Siedler und Kleintierzüchter".

Protest der Kleingärtner auf der Schillerhöhe

Nachdem viele Kleingärten als Notwohnungen und Gemüseäcker ihren Beitrag zum Wiederaufbau der zerbombten Stadt geleistet hatten, verschwanden sie aufgrund der stabilisierten ökonomischen Verhältnisse allmählich wieder aus dem Stadtbild. Das Kleingartengelände versprach nun eine rentablere Verwertung. Vor allem nach der Blockade wurde vielen Gartenfreunden die Parzelle gekündigt, neue Wohnbauten bestimmten den einst grünen Bereich. Andere Kleingärtner räumten freiwillig ihre Laubengärten, da sie auf die Produktion von Obst und Gemüse nicht mehr angewiesen waren und zudem die in Aussicht gestellten Entschädigungen für ihr Land gerne in Anspruch nahmen.

Während in der Kriegs- und Nachkriegszeit das Wohnen in der Laube gefördert worden war, unterließ der Senat von Berlin nun keine Anstrengung, es zu unterbinden. Darüber hinaus versuchte die Verwaltung, den nach dem Krieg ausgesprochenen Kündigungsschutz zu unterlaufen. Die kapitalkräftigen Wohnungsbaugesellschaften, die nach billigem Bauland drängten, besaßen und besitzen in Berlin einen beträchtlichen baupolitischen Einfluß. Demgegenüber spielten die Interessen der Gartenfreunde eine untergeordnete Rolle.

„Oh, ich hatte eine Menge großartiger Ideen, als ich anfing, dieses Haus zu bauen!"

„Wieso stört Sie der Qualm? Schließlich ist's Ihr Laub!"

Abriß einer Kleingartenkolonie. Foto: Rolf-D. Bathe

Bei ihrem Kampf gegen Parzellenkündigungen mußten sich die Kleingärtner oft den politischen Vorwurf gefallen lassen, den Wohnungsaufbau verhindern zu wollen. Dieses Argument war in der aufkommenden Wirtschaftswunderphase eng verbunden mit dem Vorwurf der Torpedierung wirtschaftlichen Fortschritts. Da die Gartenfreunde sich nicht gern Fortschrittsfeindlichkeit vorwerfen lassen wollten, blieb ihr Protest relativ bescheiden.

Von 1947 bis 1969 nahm die kleingärtnerisch genutzte Fläche im heutigen Berlin (West) von 2.864 ha auf 1.965 ha ab, was ungefähr 30 % entspricht. Etwa 58 % dieser geräumten Fläche wurden dem Wohnungsbau geopfert, ca. 11 % für öffentliche Bauten, ca. 21 % für Industrie und ca. 7 % für neue Straßen.

Viele heutige Wohnbausiedlungen und Trabantenstädte in Berlin waren bis kurz nach dem Krieg noch von der Kleingartenidylle geprägt, so zum Beispiel im Märkischen Viertel, am Falkenhagener Feld und an der Sonnenallee/Dammweg.

Wie drastisch die großen Berliner Kleingartengebiete dezimiert wurden, wird deutlich an dem Verlust eines der größten zusammenhängenden Berliner Kleingartenverbunde in Charlottenburg: "Noch 1953 war das heute von der Industrie so heiß umworbene Gelände ein geschlossenes Kleingartengebiet, das sich in Ost-West-Richtung vom S-Bahnhof Beusselstraße erstreckte. In Nord-Süd-Richtung reichte das Gelände vom Saatwinkler Damm bis an die S-Bahnlinie (Bahnhof Jungfernheide). Nun wurden in den letzten Jahren durch eine Vielzahl von Bauvorhaben mehr als 12.000 (zwölftausend) Parzellen in diesem Bereich vernichtet. So wurden die Satelliten-Siedlung Charlottenburg-

Nord, die Paul Hertz-Siedlung, der Großmarkt an der Beusselstraße, das Frauengefängnis, die Feuerwache Siemensstadt, die James-Moltke-Schule, das Oberstufenzentrum am Halemsweg, mehrere Industriebetriebe und schließlich ein umfangreiches Straßennetz wie die Rudolf-Wissel-Brücke, der Kurt-Schumacher-Damm, der Goerdelerdamm, der Jakob-Kaiser Platz, der umfangreiche Ausbau des Heckerdamms, der Friedrich-Olbricht-Damm und der Zubringer zum Flughafen Tegel auf Kleingartengelände in Charlottenburg-Nord erstellt" (aus dem *Berliner Gartenfreund* 1985).

Seit 1970 hat der Kleingartenbestand in Berlin (West) nur in geringem Maße abgenommen.

Protest der Kleingärtner in Charlottenburg.
Foto: Rolf-D. Bathe

DAS BERLINER KLEINGARTENWESEN IM ZAHLENSPIEGEL

Ein Blick zurück – offenbar ohne Zorn.

Statistische Erhebungen über den Kleingartenbestand sind erst seit 1925 bekannt, als mit ca. 6.240 ha der Höhepunkt der kleingärtnerisch genutzten Fläche erreicht wurde. Seit der Weimarer Republik führt die Bestandskurve tendenziell nach unten. Lediglich in Not- und Krisenzeiten wurden verstärkt neue Kleingärten angelegt. Heute werden in Berlin (West) ca. 1.900 ha Gelände kleingärtnerisch genutzt.

Mit dem neuen Flächennutzungsplan sind etwa 300 ha Kleingartenfläche in ihrem Bestand bedroht. Nach den Vorstellungen von Verwaltungsleuten und Politikern, sollen auf diesem Gelände Industrie und Gewerbe ansiedeln und neue Wohnhäuser und Sportanlagen entstehen.

Heute gibt es in Berlin (West) ungefähr 48.000 Kleingärten in insgesamt 783 Kleingartenkolonien. 5,5 % aller Kleingartenpächter sind bei der "Eisenbahn-Landwirtschaft" organisiert, bis auf einige Ausnahmen sind die übrigen Gartenfreunde im "Landesverband Berlin der Gartenfreunde e.V." zusammengeschlossen.

Der Durchschnittsgarten in Berlin (West) umfaßt eine Größe von 344 qm netto. 80 % aller Kleingärten sind kleiner als die im Bundeskleingartengesetz angestrebten 400 qm.

Die größeren Kleingärten befinden sich in den Außenbezirken. Da hier der Siedlungsdruck nicht so groß ist, kann man sich den "Luxus" größerer Gärten noch leisten. Diese Kleingartenkolonien stellen auch mehr Gemeinschaftsflächen für die Naherholung der Öffentlichkeit zur Verfügung.

Mit einem derzeitigen Bestand von etwa einem Kleingarten pro 17 Geschoßwohnungen kann die Versorgungslage in Berlin (West) im Vergleich zum Bundesgebiet als relativ gut bezeichnet werden. Dennoch zeigt die hohe An-

Kleingartenflächen-Bestandsentwicklung

Jahr	Gesamt Berlin ha	West Berlin ha	Jahr	Gesamt Berlin ha	West Berlin ha
1925	5793	3330	1960		2285
1926	5651		1961		2265
1927	5026	2771	1962		2201
1928	4535		1963		2114
1929	4448	2634	1964		2007
1930	4450		1965		1956
1931	4446	2567	1966		1948
1932	4476		1967		1940
1933	4466	2622	1968		1936
1934	4767		1969		1965
1935	4961	2937	1970		1993
1936	4932		1971		1974
1937	5161	2991	1972		1956
1938	4991		1973		1907
1939	4991	2420	1974		1962
1947	5097	2494	1975		1947
1949		2864	1976		1936
1952		2403	1977		1951
1953		2405	1978		1953
1954		2383	1979		1953
1955		2609	1980		1910
1956		2555	1981		1910
1957		2469	1982		1906
1958		2414	1983		1906
1959		2348	1984		1900

Verteilung der Kleingartengrößen in Berlin (West)

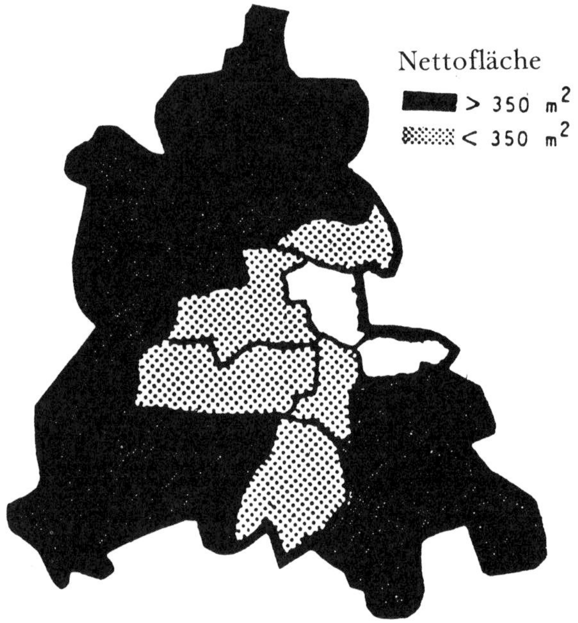

zahl von Bewerbungen für einen Kleingarten die außerordentliche Bedeutung dieser Grünflächen für Berlin (West) mit seinen unzureichenden Freizeitmöglichkeiten und der sehr eingeschränkten Naherholungsmöglichkeit. Trotz der hohen Übernahmekosten und der einzukalkulierenden mehrjährigen Wartezeit haben sich 11.000 Kleingarteninteressenten in die Bewerberlisten der Bezirksverbände eingeschrieben. Da viele Kleingarteninteressierte die mehrjährigen Wartezeiten nicht in Kauf nehmen wollen, ihnen auch das bürokratische Auswahlverfahren nicht bekannt ist oder sie die hohen Übernahmekosten scheuen, tragen sich viele erst gar nicht in die Bewerberlisten der Bezirksverbände ein. Deshalb liegt der tatsächliche Bedarf noch um ein Vielfaches höher als der "harte" Bedarf, der sich in den Wartelisten widerspiegelt.

Die Entwicklung des Kleingartenbestandes des Stadtteils Berlin (West)

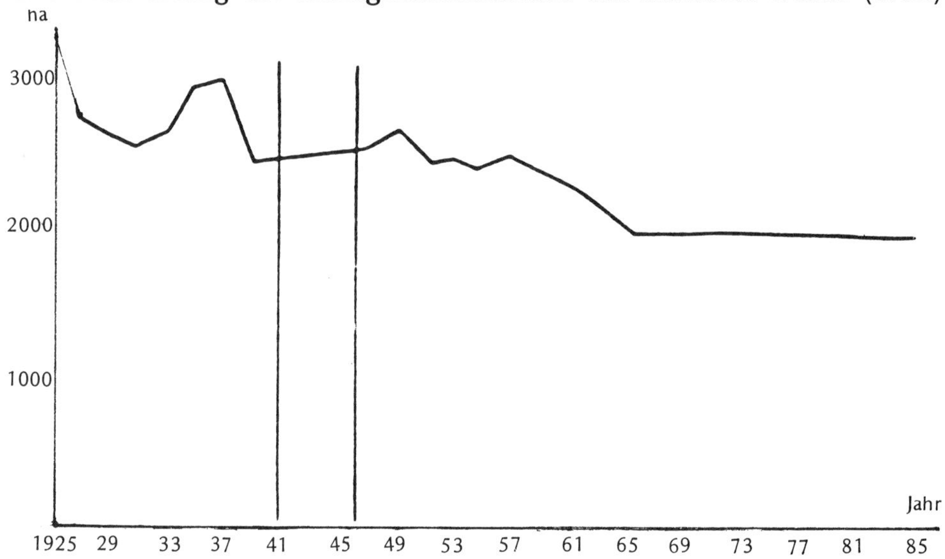

Anmerkung: Für die Jahre 1940-1946 lagen keine Bezugszahlen vor.

Kleingartengebiete in Berlin (West)
–Stand 1988–

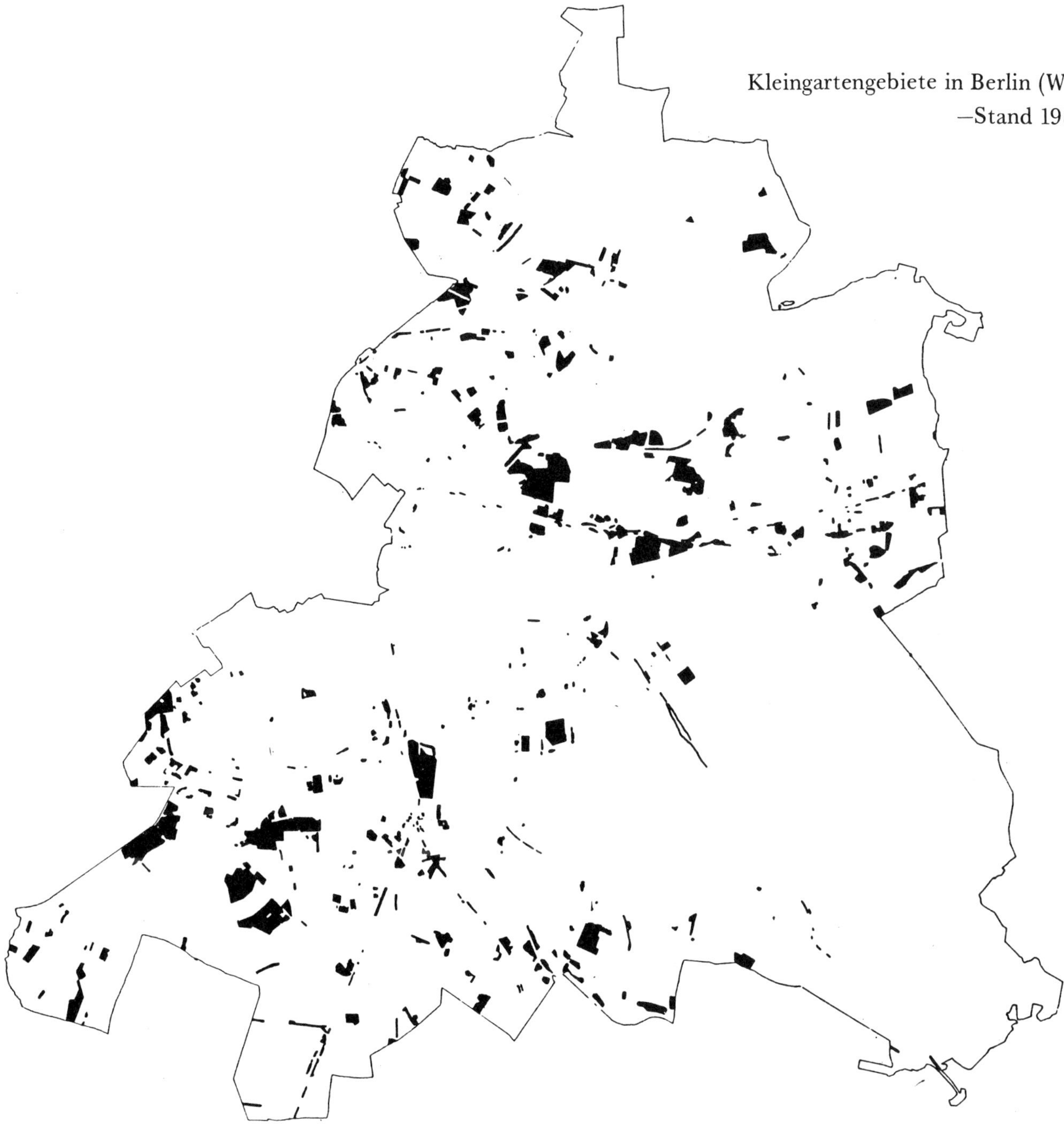

AUFZEICHNUNGEN EINES GARTENZWERGES

Ich bin gebeten worden, aus meinem 40jährigen Leben hier in diesem Kleingarten zu berichten. Gut, gerne, zumal es viel zu erzählen gibt. Aber gestatten Sie mir, daß ich mir zuerst meine aufgestaute Bitterkeit von der Seele rede.

Schon seit längerer Zeit werde ich mitleidig oder öfter noch spöttisch belächelt. Ich verkörpere die “Deutsche Bierseligkeit”, ich sei “Symbol für ein kleinbürgerliches Spießertum”, muß ich von Koloniebesuchern, aber auch Nachbarpächtern über mich ergehen lassen. Anscheinend wollen die nur von ihrer eigenen Spießigkeit ablenken! Sei’s drum!

Mir ist vor allem wichtig, daß ich noch ein ganz individueller Bestandteil unseres Gartens bin und daß ich ganz persönlich – denn von unserem Volk gibt es unzählig viele – von meiner Kleingärtnerfamilie geliebt werde. Wenn ich mir dagegen die Einheitslauben in vielen Nachbargärten anschaue mit ihren streng eingefaßten Blumenrabatten und dem stupiden englischen Rasen, bin ich trotz allen mitleidigen Belächelns stolz auf mich. Meine Wirtsleute sahen stets ein Stückchen ungebundener Natur in mir. Für die Kinder war ich lange Zeit ein Spielkamerad, der im Winter mit in die Laube genommen wurde. Hier war es weniger kalt, und ich wurde mit neuer Farbe aufgefrischt. Längst sind aus diesen Kindern selber Kleingärtner geworden, und

Drei Gartenzwerge hier bei einem zünftigen Skat

wenn sie unseren Garten besuchen, merke ich ihren verschämten Mienen an, daß sie mich am liebsten vergessen würden. Ja, so ändern sich die Zeiten! Die haben jetzt einen modernen Garten, sogar mit Teich und einem kleinen Fleckchen, auf dem sie "ökologisch" wirtschaften. Was das wohl bedeutet?

Ach ja, auch meine eigenen Wirtsleute, die jetzt schon lange Rentner sind, gehen etwas auf Distanz zu mir, vielleicht merken sie, wie viele Besucher über mich lächeln. Das sind Vermutungen, aber die Tatsache ist, daß ich schon seit sechs Jahren nicht mehr vorne am Gartenzaun zwischen den Blumen stehen darf, sondern mit der Gesellschaft vom Grünkohl links neben der Laube vorlieb nehmen muß. Letzten Winter hat man mich sogar im Garten vergessen! Sie verstehen sicherlich, daß mich das alles sehr traurig macht.

Meine Kollegen in der Kolonie werden auch immer seltener, kaum, daß wir mal neuen Nachwuchs begrüßen können. Und meistens ist dieser auch noch aus diesem ekeligen Kunststoff! Da denke ich lieber an meine Vorfahren:

Viele kennen sicherlich die Geschichte von den sieben Zwergen, mit den sieben Bergen usw.. Na ja, aber ich kann hier nur sagen: Das sind Märchen und Geschichten, die nichts mit meinen Ahnen zu tun haben! Meine Vorfahren schürften bereits vor 2000 Jahren auf Kreta in dem Berg Ida enorme Goldmengen für den König. Später lernten sie das Schmiedehandwerk, ihre Werke erlangten Weltruhm. Im Gegensatz zu mir waren sie unstet, nirgends hielten sie es lange aus.

Entfernte Verwandte, wir nennen sie auch gerne Trolle, lebten in Nordeuropa tief in der Erde oder auch im Wald. Auch sie halfen den Menschen oft aus kleineren und größeren Verlegenheiten. Wegen ihres rauhen Aussehens wurden sie – obwohl herzensgut und friedlich – allerdings von den Menschen oft gefürchtet. Natürlich gab es in unserer Familie auch einige schwarze Schafe, die mit ihrer Schlitzäugigkeit, ihrer Habgier und mit Zaubergeräten wie Tarnkappen den Menschen oft böse Streiche spielten.

Seßhaft wurden wir erst in romantischen Schloßgärten, die uns mit ihren vielen Brunnen und Beeten einen guten Wohnsitz boten. Über die prunkvollen Villengärten eroberten wir uns dann das Reich der Kleingärten, wo wir z.B. in einigen Berliner Kolonien noch zu Hunderten vertreten sind.

Jetzt bin ich in eigener Sache doch zu ausschweifend geworden. Eigentlich ist unsere Gattung verschwiegen und erlebt den Wechsel der Jahreszeiten auf der Scholle lächelnd stumm. Aber ich wollte die Gelegenheit nutzen, meinen Ärger und meinen verletzten Stolz loszuwerden, bevor ich jetzt von meinem Garten und meinen Besitzern (ich benutze dieses falsche Wort gerne, obwohl unser Volk frei und nur der mythischen Natur verpflichtet ist) erzähle.

Kurz nach Ende des Zweiten Weltkrieges fingen meine Besitzer mit der Bewirtschaftung unserer Parzelle hier in Schöneberg an. Unser Kleingarten gehört zu einem der größten Kolonieverbunde Berlins. Bereits vor dem Krieg produzierten hier Tausende von Berlinern Obst, Gemüse und auch Blumen. Der Terror der Kriegszeit bedeutete das Ende einer riesigen Parzellenlandschaft. Lauben wurden abgerissen, Obstbäume gefällt und Beete planiert: Stattdessen planten die Machthaber hier einen Güterbahnhof (auch unsere Parzelle ist heute wieder von einer Räumung bedroht, denn das damals nicht ausgeführte Projekt soll jetzt bald verwirklicht werden. Ich persönlich glaube aber, daß daraus nichts wird, denn der politische Widerstand von Tausenden von Berlinern gegen die Vernichtung von Kleingärten sollte doch hoffentlich hier positive Wirkung zeigen).

Nachdem also die Kolonien in Schöneberg geräumt wurden, aber der Krieg den Güterbahnhof verhinderte, wurden hier Flakstellungen errichtet. Betonreste in unserem Garten zeugen noch von dieser traurigen Angelegenheit. Auch die Kantine einer benachbarten Kolonie wurde nach dem Krieg auf einem ehemaligen Bunker errichtet.

Meine Wirtsleute stellten damals die typische Kleingartenfamilie dar. Sie nutzten unsere Parzelle vorwiegend, um mit dem Obst und Gemüse sich und ihre Kinder zu ernähren. Deshalb bedeutete auch meine Anschaffung gleich im ersten Pachtjahr eine verhältnismäßig große (meiner Meinung nach lohnende) Investition. Die Laube diente der ganzen Familie in den ersten Nachkriegszeiten als Wohnung, da in Berlin sonst kein Wohnraum zur Verfügung stand. Der Ausbau der Lauben zu Wohnungen wurde damals von den Behörden, zumindest verbal, stark gefördert. In den sechziger Jahren dagegen mußten etwa 250 ha Kleingartenfläche dem Wohnungsbau weichen. Mittlerweile ist das Wohnen in der Laube verboten, aber so wie meine Wirtsleute halten sich im Sommer nur wenige Pächter an dieses Verbot: Ungefähr fünf Mal in der Woche übernachten sie in der Laube, am Wochenende fast immer. Die Wohnung ist ihnen eben zu laut, die Luft zu stinkig, so daß sie sich im Kleingarten viel wohler und heimischer fühlen als zuhause. Vielleicht liegt das ja auch noch ein bißchen an meiner netten Gesellschaft!

Als sie sich zur Kleingartenpacht entschlossen, war mein Besitzer 39 Jahre alt, seine Frau 37. Auch ihre Kinder waren, wie die fast aller Berliner Kleingärtner, in diesem Alter, als sie sich für eine Pacht in der Nachbarkolonie bewarben. Aber welch ein Unterschied, wenn ich die beiden ersten Anfangserfahrungen als Laubenpieper von heute und damals vergleiche: Meine Wirtsleute beziehen heute als ehemalige Arbeiter bzw. Hausfrau eine Nettorente von 1.240,– DM. Sogenannte Übernahmekosten mußten sie für ihre Parzelle nicht zahlen, da sie das Land erst urbar machten und die Laube selbst aus vielen alten Materialien errichteten. Ihr Sohn dagegen verdient zusammen mit seiner Frau – beide sind Beamte – über 3.500,– DM. So konnten sie auch die Übernahmekosten von 13.000 DM aufbringen, das ist übrigens der Preis, der heute durchschnittlich für die Parzelle und Laube verlangt wird.

In den ersten Nachkriegsjahren wurde auf unserer Parzelle vorwiegend Gemüse wie Grünkohl, Kohlrabi, Spinat, Salat und Kartoffeln angepflanzt. Auch die vielen Obstbäume kosteten meiner Wirtsfrau im Herbst viel Arbeit für das Einmachen. Die Grundnahrungsmittel wie Kartoffeln sind zugunsten teureren Gemüses und Blumen verschwunden. Dennoch wächst in unserem Garten bedeutend mehr Obst und Gemüse als auf den Parzellen der jüngeren Gartenfreunde in der Umgebung.

Wenn ich die 40 Jahre meines Lebens auf unserer Parzelle betrachte, so hat sich doch insgesamt vieles geändert in unserer Kolonie. Auf vielen Parzellen sind anstatt der Gemüsebeete Tischtennisplatten und Liegestühle gerückt. Hier und da finden sich sogar größere Plansch-

Gartenzwerge müssen weichen

Urteil des Oberlandesgerichts Hamburg — Frau fühlte sich gestört

Hamburg (dpa). Zwei Gartenzwerge, gut 20 Zentimeter groß und mit der typischen roten Zipfelmütze auf dem Kopf, müssen aus einem Hamburger Garten verschwinden. Sie stören eine Mitbewohnerin in ihrem ästhetischen Empfinden so stark, daß der dauernde Blick auf die Zwerge unzumutbar ist. Diese Entscheidung des Oberlandesgerichts Hamburg bestätigte ein Gerichtssprecher gestern.

Die Eigentümer einer Wohnanlage mit Eigentumswohnungen hatten im gemeinschaftlichen Garten zwei als typisch deutsch geltende Gartenzwerge aufgestellt, um so die Anlage zu verschönern. Eine Eigentümerin sah sich dadurch in ihren Gefühlen verletzt und bezeichnete die Gartenzwerge als Symbole der Engstirnigkeit und Dummheit.

Zunächst wiesen Amts- und Landgericht die Klage der Frau auf Beseitigung zurück, aber die Richter am Oberlandesgericht gaben ihr Recht. Zwar seien auf der einen Seite Gartenzwerge seit langem üblich und hätten sogar eine gewisse Tradition, aber auf der anderen Seite erregten sie auch das Mißfallen vieler Menschen, die sie als Ausdruck von Beschränktheit und als Zeichen schlechten Geschmacks ansähen.

Zwar könne ein Gericht kein endgültiges Urteil über ästhetische Empfindungen fällen, meinten die Richter, aber wenn sich einer gestört fühle, sei die Aufstellung in einer gemeinschaftlichen Gartenanlage nicht mehr zulässig. Die Gartenzwerge müßten weichen (Aktenzeichen 2 W 7/87).

Aus: "Der Tagesspiegel" vom 9. Juni 1988

becken, ein Graus für mich Nichtschwimmer! Viele kleine Lauben, die jede ihren individuellen Charakter besaß, wurden abgerissen und an ihre Stelle eine genormte, an ein Schwarzwaldhäuschen erinnernde Laube gesetzt.

Aus der früher oft als lästige Pflicht empfundenen Gartenarbeit ist für die meisten älteren Pächter mittlerweile ihr wichtigstes Hobby geworden. Für viele jüngere Pächter – so habe ich manchmal das Gefühl – ist diese Arbeit nur noch lästig: Sie nutzen den Boden vorwiegend als Rasenfläche, damit sie sich von ihrer Arbeit erholen können und die Kinder genug Platz zum Spielen haben.

Auch wenn ich aus der Mode gekommen bin und das Treiben in unserer Kolonie nur von hinten links neben der Laube betrachten kann, schätze ich doch das besinnliche und geruhsame Leben in meinem Berliner Kleingarten und möchte auf keinen Fall mit der Arbeit meiner Vorfahren im Bergwerk auf Kreta, auch wenn dort über Tage die Sonne mehr scheint, tauschen.

Vielleicht betrachten Sie auf Ihrem nächsten Spaziergang durch eine Berliner Kolonie mich und meine Kollegen mit anderen Augen. An uns soll eine Freundschaft nicht scheitern.

Aufwiedersehen, will der Gartenzwerg sagen

BERLINER KLEINGÄRTEN ALS HEIMATRÄUME

Bei politischen Entscheidungen und Planungsvorhaben bleibt allzuoft unberücksichtigt, daß Kleingärten mehr sind als zeitweilig genutzte, überallhin verschiebbare Flächen.

In den letzten hundert Jahren hat sich in der Industriemetropole Berlin – als Reaktion auf die schlechten Arbeits-, Lebens- und Umweltbedingungen – das Kleingartenwesen als eine eigenständige Gartenkultur entwickelt. In Laubenkolonien entstanden charakteristische Lebens- und Umgangsformen mit einer besonderen Garten- und Laubengestaltung.

Die Selbstverwaltung des Kleingartenwesens, die zu Beginn dieses Jahrhunderts mühsam erkämpft wurde, konnte sich bis heute als lebendige demokratische Tradition erhalten. Das politische Bewußtsein der Gartenfreunde mußte sich immer aufs neue schärfen und an akuten Abrißdrohungen für ihre Kleingartengebiete beweisen.

Die gut hundertjährige Tradition bewirkt, daß viele Kleingärtner in Berlin über drei, ja vier Generationen "ihren" Schrebergarten bewirtschaften und sich mit ihm intensive lebens- und familiengeschichtliche Erinnerungen verbinden. Damit wurden und werden aus den Kleingartengebieten Heimatbereiche, die für das Lebensgefühl dieser Stadt und ihrer Bewohner mitbestimmend sind. Berlin ist stolz, im In- und Ausland als "Laubenpieperstadt" bezeichnet zu werden.

In unserer Zeit, in der immer mehr menschliche Heimatbereiche im unmittelbaren städtischen Umfeld zerstört, immer mehr Identifikationsräume vernichtet werden, bedürfen die Reste städtischer Alltagskultur des besonderen Schutzes von Politik und Verwaltung. Sonst besteht die Gefahr, daß es – mit den Worten Heinrich Bölls – zu einer "zweiten Heimatvertreibung" kommt, vor der es keine Fluchtmöglichkeit gibt.

Hier gibt's noch sehr viel zu tun

KLEINGÄRTEN ALS TEIL DES FREIFLÄCHENSYSTEMS

Die besondere Bedeutung des Kleingartenwesens für Berlin (West) hängt eng mit der politisch-geographischen Situation dieser Inselstadt zusammen. Auf eng begrenztem Raum müssen die Flächenansprüche der unterschiedlichsten Nutzer untergebracht werden. Erholungsmöglichkeiten im Freien müssen immer aufs Neue erkämpft und verteidigt werden. Außerdem repräsentieren die Berliner Kleingärten eine historisch gewachsene eigenständige Gartenkultur mit traditionsreichen Quellen. Die Bedeutung des Berliner Kleingartenwesens erwächst also einerseits negativ aus dem Mangel und positiv aus den Qualitäten der Berliner Kleingärten.

Im Grünen ganz eingebettet

Eine Stadt ohne nutzbares Umland, eine Stadt ohne Zugang zu ihren traditionellen Naherholungsgebiete, muß sich in weit stärkerem Maße als andere Großstädte auf die vorhandenen Erholungsmöglichkeiten innerhalb ihres eng begrenzten Stadtgebietes besinnen. Das Sichwohlfühlen in einer Stadt hängt für viele ganz besonders von den Erholungsmöglichkeiten in grüner Umgebung ab. Das "Stadtgrün" macht weitgehend die Lebensqualität einer Stadt aus und wird damit auch zum wichtigen wirtschaftlichen Standortfaktor: Insbesondere höher qualifizierte Arbeitskräfte machen die Auswahl ihres Wohnortes auch von den Erholungsmöglichkeiten im Grünen abhängig.

Zwei unterschiedliche Erholungsbedürfnisse werden im Stadtgrün erfüllt: Zum einen müssen ausreichend große *öffentlich nutzbare* Freiräume, also Parks, Wälder, Stadtplätze, Strände u.ä. vorhanden sein, die gemeinschaftlich nutzbar sind. In solchen weitläufigen Freiräumen kann man sich – ähnlich wie auf antiken und mittelalterlichen Marktplätzen – als Stadtbürger darstellen. Hier ist die Möglichkeit gegeben, ein Stück städtischer Öffentlichkeit mitzuinszenieren. In den großen Parkanlagen der Stadt, wie den Volksparks, kann man in einem weitgehend offenen und öffentlichen Raum Freizeitsport treiben, promenieren, flirten, Landschaftsarchitektur und bildende Kunst genießen oder einfach in aller Öffentlichkeit ein Fest "im Freien" veranstalten. All diese Aktivitäten brauchen die urbane Öffentlichkeit, die sie ja gleichzeitig mitschaffen. In den öffentlichen Grünräumen verschließt man sich nicht vor seiner Umwelt, sondern öffnet sich den Mitmenschen und seiner Stadt. Diese Grünräume sind die letzten Orte innerhalb der Stadtgebiete, wo man sich ohne Eintritt zu zahlen, ohne Konsumzwang und ohne sich festgefügten Nutzungsstrukturen fügen zu müssen, aufhalten kann.

Das zweite Erholungsbedürfnis ist das nach *privat nutzbarem* Freiraum. Hierunter ist ein Bündel von Aktivitäten zu sehen, die einen abgeschlossenen und privaten Bereich voraussetzen. Während die öffentlichen Freiräume dem Stadtraum zuzuordnen sind, stellen die privaten Freiräume eine Erweiterung der Wohnung dar: Sie sind das große grüne Wohnzimmer. Hier kann man in privater Familien- und Freundesatmosphäre feiern, sich sonnen, Hausarbeiten verrichten, faulenzen, gärtnern oder anderen naturbezogenen Hobbys nachgehen. Man möchte sich hier nicht den Blicken und Urteilen der Öffentlichkeit oder auch Nachbarschaft aussetzen, sondern allein oder in überschaubaren Gruppen im Freien wohnen.

Der Grundtyp des privat nutzbaren Freiraums ist der Garten am Wohnhaus, der ja nach wie vor in allen menschlichen Kulturen eine hervorragende Bedeutung hat. Das Haus mit Garten ist der beliebteste Wohnwunsch, ein Ziel, das allerdings in den Städten für die meisten Bürger unerschwinglich ist.

Deshalb haben sich in unserer verstädterten Industriegesellschaft "Ersatzformen" des Gartens herausgebildet. Sie reichen von den kleinen Balkons über Mieter- und Dachgärten bis hin zu Wochenendhausgebieten, Dauercampingparzellen und Kleingärten. Die "Ersatzformen" des Gartens können die Qualitäten des Hausgartens jedoch nicht vollständig ersetzen: Der Balkon ist zu klein und zu sehr Bauwerk, der Mietergarten zu einsehbar, Kleingärten, Wochenendgrundstücke und Dauercampingparzellen sind meistens erst nach längeren Wegen zu erreichen, ihnen fehlt oft die spontane Nutzungsmöglichkeit.

Die Stadt Berlin braucht sowohl Gärten wie Parks, sie braucht das Grün als Rückzugsraum wie als Marktplatz oder "Wildnis". Die Qualität des Freiraumsystems ist so gut wie das schwächste Glied dieser Kette. Eine Stadt mit vielen Gärten, aber ohne öffentliche Parks ist langweilig, eine Stadt ohne Gärten ist leer.

Die Versorgung West-Berlins mit *öffentlich* nutzbarem Freiraum ist unzureichend, nicht nur weil diese Stadt kein Umland besitzt. Ein Vergleich des Freiflächenanteils Berlins mit großen Städten Westdeutschlands: In Bremen kommen rund 344 qm Freifläche auf einen Einwohner, in Hamburg 250, in Frankfurt 228, in Stuttgart 216, in Nürnberg 198, in Düsseldorf 192, während jeder Berliner durchschnittlich nur 107 qm Grün zur Verfügung hat. Der Freiflächenmangel Berlins ist auch im Landschaftsprogrammentwurf (Stand 1987) des Senators für Stadtentwicklung und Umweltschutz aktenkundig: *"Ein Vergleich der heutigen Berliner Freiflächensituation mit den westdeutschen Großstädten Hamburg, München, Köln und Frankfurt zeigt, daß die Berliner Situation im Hinblick auf drei wichtige Kennwerte sich als besonders ungünstig darstellt: Der bebaute Stadt-*

Grashalme

"Den Kleinen Mann
hat Gott besonders lieb,
sonst hätte er davon
so viele nicht geschaffen."*

Auch wenn von uns
es Myriaden gibt,
gilt dies für jeden Halm,
den Sonnenlicht getroffen.

Gesät und ungesät,
mit Fleiß gepflegt
und oft geschmäht,
wir sind im Garten
die Partei der Grünen
und möchten Deine Achtung
gern gewinnen.

*So Bernard Shaw

Arnold Harttung.

flächenanteil ist am größten, die Einwohnerdichte auf der bebauten Fläche nach München am zweithöchsten und – folglich – die unbebaute Fläche je Einwohner am niedrigsten. Bei der Beurteilung dieser Werte ist zusätzlich die besondere Situation von Berlin, das von seinem Umland praktisch abgeschnitten ist, in Rechnung zu stellen. Dies bedeutet, daß sich in Berlin die vielfältigen Nutzungsansprüche an die verbliebenen Freiflächen im Stadtgebiet besonders konzentrieren".

Nicht nur die öffentliche Freiflächenversorgung Berlins weist Defizite auf, auch der Anteil an *privatem* Grün ist in Berlin geringer als in vergleichbaren anderen deutschen Städten. In einer repräsentativen Befragung Berliner Haushalte (GEWOS 1982) wurde festgestellt, daß 27 % aller Berliner keinen privat nutzbaren Freiraum, also nicht einmal einen kleinen Balkon haben. Insbesondere die Altbauquartiere sind schlecht ausgestattet: Nur 16 % der Berliner Altbauhaushalte können über einen anderen Freiraum als ihren Balkon verfügen. Analysiert man den Versorgungsgrad Berlins mit den verschiedenen privat nutzbaren Freiraumtypen, so ergibt sich das folgende Bild:

Die Idealform des privat nutzbaren Freiraumes – der Garten am Wohnhaus – ist bei der Enge Berlins und den daraus resultierenden hohen Grundstückspreisen nur für eine kleine Bevölkerungsgruppe möglich. Nur gut 5 % aller Berliner Haushalte bewohnen ein Einfamilienhaus, weitere 2 % leben in Zweifamilienhäusern. Damit verfügen weniger als 7 % aller Berliner über den Garten am Haus.

Gut 60 % der Berliner Wohnungen besitzen einen Balkon. Knapp 80 % davon sind aber kleiner als 6 qm, d.h. kaum zu benutzen. Aktuelle Daten über die Zahl der Mietergärten in Berlin gibt es nicht: 1972 *(Sambale)* wurden für Berlin jedoch rund 5.000 errechnet, eine verschwindend geringe Anzahl. Im Stadtgebiet von Berlin (West) gab es 1984 gut viertausend Zelt- und Campingparzellen, wovon der überwiegende Teil als Dauercampingparzelle genutzt wurde. Ein Wochenendhaus innerhalb Berlins besitzen knapp 5.000 Berliner Haushalte. Sieht man von kleinen Balkons ab, so stellen einzig die fast 50.000 Kleingärten zahlenmäßig in Berlin eine beachtenswerte Quantität dar. Eine Entlastung der Kleingartennachfrage durch andere wohnungsferne Formen des Gartens ist also in Berlin (West) nicht gegeben.

Die Idealform: Der Garten am Wohnhaus

GESPRÄCHE MIT BERLINER LAUBENPIEPERN
I

Kleingärtner Simon Jahnke

Bei unserem Spaziergang durch das Schöneberger Kleingartengebiet am "Priesterweg" sehen wir auch am Wochenende einen Laubenpieper auf seiner Scholle herumwerkeln. An der weißlackierten Staketeneingangstür lesen wir seinen Namen: Simon und Gisela Jahnke. So treten wir durch die halboffene Pforte und beginnen mit einem vorsichtigen *"Guten Tag, Herr Jahnke"* unser Gespräch.

Sie betätigen sich auch am Wochenende in Ihrem Kleingarten. Können Sie uns vielleicht in wenigen Worten schildern, was Sie am Kleingärtnern am meisten schätzen?

Ja, es ist auf alle Fälle bestimmt nicht die Arbeit. Hauptsächlich ist die Tatsache schön, daß man sich zurückziehen kann. Ich muß nicht in der Öffentlichkeit an Veranstaltungen teilnehmen oder erst mit der U-Bahn irgendwo in Gegenden fahren, wo die Leute zuhauf rumsitzen. Hier habe ich mein eigenes Paradies, in dem ich mich nach meiner Arbeit zusammen mit meiner Frau erholen kann.

Vorrangig kommt es Ihnen also darauf an, sich ganz im privatem Kreise erholen zu können, ohne von anderen Erholungssuchenden gestört zu werden. Nun sind die Kleingärtner aber auch in Vereinen organisiert, die zumindest früher ihr eigenes Vereinsleben gepflegt haben. Gibt es denn heute bei Ihnen keine gemeinsamen Aktivitäten mehr, oder beschränkt sich dies auf eine Zusammenarbeit für Kolonieinstandhaltungen?

Doch, das wird auch getan, das machen sie auch, nur ist heute das Berufsleben so hart, daß die, die berufstätig sind, relativ wenig Zeit haben, an solchen Dingen teilzunehmen. Das sind dann wieder die Gartenfreunde, die mittlerweile in Ruhestand getreten sind. Die sind den ganzen Tag draußen im Garten, die können herumpusseln und pflegen auch die Vereinsmeierei; aber alle die, die noch nicht so alt sind, legen hierauf weniger Wert. Aber dann ist es auch eine Charaktersache; manche, die möchten sich irgendwie hervortun, ob sie Kassenwart sind oder Schriftführer, Wasserwache, erster oder stellvertretender Vorsitzender. Ich halte von der Vereinsmeierei nichts, jedoch bin ich immer dabei, wenn es darum geht, hier einen Weg anzulegen oder jemandem zu helfen, dann schon, aber dazu braucht man nicht unbedingt einen Verein, man braucht nicht unbedingt einen Schriftführer.

Herr Jahnke, Sie sagten ja schon, daß Sie sich am liebsten in Ihrem Garten von der Arbeit ausruhen. Entsprechend haben Sie ja auch Ihren Garten angelegt, auf den Anbau von Gemüse legen Sie wohl weniger Wert, wie man hier über den Zaun sehen kann.

Schottischer Kleingarten

Ja, das ist auch zweckbedingt. Als meine Eltern, von denen wir den Garten vor 30 Jahren übernommen haben, noch lebten – wir haben schon seit 1932 einen Garten, allerdings nicht immer an dieser Stelle, sondern 24 Jahre in Neu-Tempelhof am Loewenhardtdamm und jetzt seit 30 Jahren diesen hier – solange meine Eltern lebten, hat sich vor allem meine Mutter mehr um den Boden, die Kulturen und Ähnliches gekümmert. Hauptsächlich die Bäume interessierten sie, die Früchte, die hat sie dann auch eingeweckt. Wer macht denn das heute noch? Heute geht man zu Aldi und holt sich die Büchse. Aber in der schlechten Zeit, also vor dem Krieg, hm, da waren die Zeiten ja auch schon mal schlecht, als es viele Arbeitslose gab; dann während des Krieges und besonders nach dem Krieg, als die Versorgung nun weitgehend zusammengebrochen war, da war der Garten eine Hilfe, da wurde noch wirklich viel Gemüse angebaut und Kohl, Mohrrüben, was weiß ich was. Jetzt pflegen wir hier nur noch ein paar Beete, aber sonst, – da haben Sie recht, viel bauen wir nicht mehr an.
Früher hat kein Mensch an einen Zierrasen gedacht. Da gab es nur ein paar Quadratmeter unter der Laube, daß man sich auch mal 'ne Stunde hinlegen konnte. Aber das ist dem Zeitwandel unterworfen.

Wie Sie ja wissen, sind durch den neuen Entwurf zum Flächennutzungsplan Tausende von Kleingärten in ihrer Existenz bedroht. Ihre Parzelle gehört zwar glücklicherweise nicht zu diesem Kreis, was würden Sie aber empfinden, wenn Sie auch eines Tages Ihre Parzelle räumen müßten?

Ja, da fragen sie vielleicht im Moment den Falschen. Ja, wir sollen nicht weg, und da ich keine kleinen Kinder mehr habe, würde es mich – rein objektiv – nicht so sehr treffen, nicht so schmerzen, wie etwa vor 10 oder 20 Jahren, wenn man dann eine Parzelle hätte räumen müssen. Nein, ich würde auch nicht noch einmal anfangen, wenn ich die Parzelle aufgeben müßte. Die Laube steht jetzt seit 30 Jahren, die habe ich mit meinem Vater gebaut. Ich will jetzt noch ein bißchen anbauen, sie ist eine der kleinsten mit nur 12 qm. 24 qm umbauten Raum darf man haben, jetzt will ich sehen, daß ich noch eine Veranda davor baue, so daß ich ein bißchen mehr Platz habe, wenn man mehr Zeit bekommt und Zeit hat, weil ich in absehbarer Zeit, in drei oder fünf Jahren, in den Ruhestand gehen werde. Dann möchte ich mich hier auch mehr aufhalten und ausruhen können. Aber noch mal von vorne anfangen, nee, das würde ich nicht. Möglicherweise würden Jüngere eine Ersatzparzelle am Stadtrand pachten, aber nicht die 60 oder älter sind, die würden die Energie nicht mehr aufbringen. Gehen Sie mal ein paar Parzellen weiter zum Gartenfreund Hartmut Rostock, ich glaube, der arbeitet auch gerade in seinem Garten. Der ist auch schon älter und wird Ihnen sicherlich das gleiche dazu erzählen können.

Gartenfreund Hartmut Rostock

Einige Gärten weiter treffen wir tatsächlich Gartenfreund Hartmut Rostock beim Rosenschneiden. Da wir sozusagen auf Empfehlung kommen, sind wir schnell mitten im Gespräch. Auf unsere Frage *"Herr Rostock, was würden Sie denn sagen, was für Sie das Schönste am Kleingarten ist?*, erhalten wir eine fast identische Antwort:

Das Wichtigste am Kleingärtnern ist, – ich hab' hier meine Ruhe, hab' meine Beschäftigung. Das sagt fast alles. Ich kann machen, sagen wir mal wenigstens zum größten Teil, wat ick will. Nun, an die Bauvorschriften muß man sich ja halten. Aber sonst redet mir hier keiner rein, und ich habe hier eine Ecke, wo mich auch keiner stört.

Wie lange haben Sie eigentlich Ihre Parzelle, Herr Rostock?

Dies hier ist gar nicht meine Parzelle. Ich habe hier nette Nachbarn, die sind in Urlaub. Da mach' ich immer ihren Garten mit, wenn sie mich brauchen, nicht? Eben hat man mich angerufen, ich soll den Samen von den Blumenstökken abmachen. Deswegen bin ich hier. Aber zu ihrer Frage: ich habe jetzt meine Parzelle – hier gegenüber – seit 1981, also erst im siebten Jahr. Vorher habe ich immer gearbeitet und bin gar nicht auf die Idee gekommen, einen Garten zu wollen. Die Zeit hätte auch gar nicht so gereicht. Aber jetzt als Rentner weiß ich sonst gar nicht wohin mit der Freizeit. Man gibt sich Mühe, einen schönen Garten zu haben.

Viele Berliner Kleingärtner entschließen sich ja so gegen Ende 30 zur Pacht, wenn Ihre Kinder schon größer geworden sind. Oft haben sie die ersten Erfahrungen im elterlichen Kleingarten sammeln können, was bei Ihnen später auch den Wunsch auf eine Parzelle weckte. Da sind Sie ja etwas untypisch. Was war denn bei Ihnen ausschlaggebend?

Ich bin auf dem Lande groß geworden, ja? Meine Heimat ist Schlesien, und ich wurde nach dem Krieg hierhin verschlagen. Ich dachte mir, so ein Kleingarten ist das Schönste, was man am Lebensabend haben kann, oder?
Als junger Mensch hat man keinen Wert auf das Gärtnern gelegt. Mal sagen, auf dem Lande – das ist schwere Arbeit. Nie Feierabend, da wurde doch früher von frühmorgens, wenn die Sonne aufging, bis sie unterging, gearbeitet. Und dann kam erst das Vieh dran usw.. Früher hätte ich auch nicht gedacht, daß ich noch mal freiwillig auf einem Acker arbeiten werde. Aber aus der Arbeit ist ein Hobby geworden.
Ehrlich gesagt, ich habe viel Geld reingesteckt, mich dabei sogar etwas übernommen. Aber gelohnt hat sich's, ja?

Nun sind Sie ja spät mit der Kleingärtnerei angefangen. Würden Sie aber noch einmal von vorne beginnen, wenn das Bezirksamt Ihnen diese Parzelle kündigen würde?

Wenn ich aufgrund einer Kündigung von meiner Parzelle runtermüßte, das wär' traurig, ehrlich, wär's sehr traurig. In Rudow oder woanders noch mal anfangen, ick weeß nich, ob sich das noch lohnt, ja? Ich meine, man wird ja nicht jünger, man wird ja älter. Und die Zeit – die Zeit, die darf man ja gar nicht rechnen, wat man hier reinsteckt, nicht?

Originelle Ideen und aktive Gestaltung gefragt – Telefon 41160 44 Mitwirkung rechtzeitig anmelden!

Sie nutzen Ihren Garten ja auch mehr als Erholungsgarten. Haben Sie nicht überlegt, auch mal einige Beete Gemüse anzupflanzen?

Ist richtig, mein Garten ist mehr Rosen- oder Blumengarten. Na ja, und Obst. Ich habe alles junge Bäume angepflanzt. Und dieses Jahr habe ich mich wieder verleiten lassen. Hier ein Bekannter – mit der Zeit lernt man sie alle drumherum kennen – der hatte vergangenes Jahr solch riesige Kohlrabis, und da habe ich gesagt: "Kannst Du mir mal drei Pflanzen abgeben?" Mal versuchen, nicht? Heute mittag hat meine Frau die mit nach Hause genommen. Ehrlich gesagt, schöne Dinger. Die werden nicht holzig, das ist eine ganz andere Sorte. Dagegen hier die kleinen, wat se hier so anbauen, ja, da können Sie Pech haben, aber hier meine großen ...

"Ich hab' hier meine Ruhe, hab' meine Beschäftigung"

Drei Ökogärtner

Auf unserem Gang durch eine Wilmersdorfer Kolonie sehen wir einen Kleingarten, der uns durch seinen Nutzcharakter auffällt. Vor der Parzelle stehen Fahrräder, und drei Gartenfreunde sind damit beschäftigt, Zwiebeln zu ernten. Obwohl wir uns etwas wie Störenfriede vorkommen, möchten wir auch diese Öko-Gartenfreunde nach ihrer Motivation befragen:

Dürfen wir uns mit Ihnen mal über Ihren Kleingarten unterhalten?

Sie wissen doch hoffentlich, daß Sie hier den schönsten Kleingarten Berlins vor sich haben?

Das sehen wir, aber warum haben Sie nicht den typischen Kleingarten mit Rasen und Blumen, sondern so einen unordentlichen voll von Gemüse und Kräutern?

Wir gärtnern hier so, weil wir Gemüse lieben. Wir machen hier biologischen Anbau. In unseren Garten kommt kein Gift, wir benutzen auch keine synthetischen Mittel. Bei uns geht alles streng nach biologischen Kriterien.

Fehlt der Liegestuhl nicht ein bißchen?
Dazu haben wir ja den Platz hinter der Laube, den kann man von hier nicht sehen. Ausruhen ist bei uns auch angesagt.

Macht Ihnen das Gärtnern denn solchen Spaß, was bedeutet Ihnen das?

Ich bin gelernter Gärtner, und Heinz und Inge

machen das als Freizeithobby. Ich gärtnere aber in meiner Freizeit weiter. Das ist mein Beruf und mein liebstes Hobby. Ich bin im übrigen der Stephan.

Wir heißen Jürgen und Martin. Ihr habt den Kleingarten also nicht als einzelnes Ehepaar, sondern als Gruppe gepachtet?

Heinz und Inge haben den Kleingarten eigentlich gepachtet. Ich bin mit denen befreundet und mach' also mit.

Gibt's keinen Ärger mit den Nachbarn, ist denn Euer ökologischer Anbau denen nicht ein Dorn im Auge?

Nein, die Gartenfeunde hier sind toleranter, als man denkt. Viele finden das auch schon gut und holen sich von uns Ratschläge. Mein linker Nachbar beispielsweise ist genauso vernarrt wie wir, der hat seine Bienenvölker. Das paßt ganz gut, daß wir nebeneinander sind.

Und die anderen Nachbarn, ist denen Euer Garten nicht zu unordentlich?

Gesagt hat bis heute noch niemand etwas. Die sind, glaub' ich, ganz froh, wenn Sie hier etwas sehen mit Gemüse und Kartoffeln. Das entspricht doch eigentlich dem ursprünglichen Bild, das die Leute von einem Schrebergarten haben.

Was würde das für Euch persönlich bedeuten, angenommen Ihr würdet Euren Garten verlieren?

Den Garten verlieren? Das gibt's überhaupt gar nicht.

Würdest Du, Stephan, noch einmal woanders neu anfangen?

Ich persönlich, ja, ich würde immer noch einmal anfangen. Allerdings nicht auf dem freien Feld am Rande Berlins, wo das total windig ist und wir gar nicht mit unseren Fahrrädern hinkommen.

Und die Art und Weise, wie Ihr das hier anbaut, das hat hier alles so seinen ökologischen Sinn, ja?

Aber sicher! Der Lavendel der ist gegen die Blattläuse, gegen die Wühlmäuse haben wir Knoblauch. Und jedes Jahr machen wir noch ein neues Hügelbeet.

Und Eure biologischen Anbaumethoden, da sind die Pflanzen so aufeinander abgestimmt, daß es keine Schädlinge mehr gibt und kein übermäßiges Unkraut? Klappt denn das in der Realität so, wie man es in den schlauen Büchern lesen kann?

Nee, nee, nee um Gottes willen. Warum weiß ich auch nicht. Aber wir versuchen es immer wieder. Versuch macht klug. Jedes Jahr lernt man etwas dazu, und irgendwann haben wir sicherlich den Dreh raus.

Aber Deine Hügelbeete, die sind doch eine gute Sache, oder?

Hügelbeete sind toll. Jedes Jahr kommt eins dazu. Die halten dann so zwei bis drei Jahre, dann werden sie wieder völlig neu angelegt. Auf den Hügelbeeten, da wächst das Gemüse, das ist die reine Freude. Wenn wir hier die dicken Salatköpfe haben, dann kommen die Nachbarn und gucken sich die Augen aus.

LANDESVERBAND DER GARTENFREUNDE e.V. BERLIN

Organisation der Kleingärtner, Siedler und Eigenheimbesitzer

KLEINGÄRTEN ALS ORTE DER NATURWAHRNEHMUNG

"Befragt über sein Verhältnis zur Natur, sagte Herr K.: "ich würde gern mitunter aus dem Haus tretend ein paar Bäume sehen. Besonders da sie durch ihr der Tages- und Jahreszeit entsprechendes Andersaussehen einen so besonderen Grad von Realität erreichen. Auch verwirrt es uns in den Städten mit der Zeit, immer nur Gebrauchsgegenstände zu sehen, Häuser und Bahnen, die unbewohnt leer, unbenutzt sinnlos wären. Unsere eigentümliche Gesellschaftsordnung läßt uns ja auch die Menschen zu solchen Gebrauchsgegenständen zählen, und da haben Bäume wenigstens für mich, der ich kein Schreiner bin, etwas beruhigend Selbständiges, von mir Absehendes, und ich hoffe sogar, sie haben selbst für die Schreiner einiges an sich, was nicht verwertet werden kann". Warum fahren Sie, wenn Sie Bäume sehen wollen, nicht einfach manchmal ins Freie?" fragte man ihn. Herr Keuner antwortete erstaunt: "Ich habe gesagt, ich möchte sie sehen aus dem Hause tretend".

Bertolt Brecht, deutscher Dichter und Drehbuchautor des weltberühmten Filmes "Kuhle Wampe", der in einer Berliner Kleingartenkolonie der zwanziger Jahre spielt, hat in seiner Geschichte von "Herrn Keuner und der Natur" Wichtiges über die Naturwahrnehmung des Städters gesagt:

In dieser kleinen Geschichte werden einige Aspekte angesprochen, die die Bedeutung des Kleingartens als "naturnaher Ort" für die Städter verdeutlichen. In einem zunehmend technisierteren Stadtgefüge mit seinen abgegrenzten Lebensbereichen, ermöglicht ein Stück Grün dem Menschen die Rückbesinnung auf natürliche Strukturen. Hier kann er sich an ländliche Strukturen und Lebenszusammenhänge erinnern, die zivilisatorisch weniger naturfern waren. Der Freiraumforscher *Gert Gröning* sprach in diesem Zusammenhang davon, daß die Freiräume in der Stadt für die dort lebenden Menschen so etwas wie ein "kollektives Gedächtnis an ihre noch nicht urbane verhäuslichte Existenz sind", eine Existenz, die entwicklungsgeschichtlich Hunderte von Menschengenerationen umfaßte. Im Kleingarten ist man näher an den Überraschungen und Unbilden des Wetters, hier kann man den Wechsel der Jahreszeiten erleben. Mitten in der Stadt ist man hier im Freien. Wie verbreitet diese Natursehnsucht unter den Berliner Kleingärtnern ist, kommt u.a. auch darin zum Ausdruck, daß zwei Drittel aller Kleingärtner es als für sich wichtig empfinden, im Kleingarten den Kreislauf der Natur beobachten zu können.

Noch ein weiterer Aspekt der Naturwahrnehmung ist wichtig: Herr Keuner betont, daß für ihn die Andersartigkeit, das was nicht in Heller und Pfennig ausdrückbar ist, von besonderem Wert sei. Im Kleingarten verkörpern vor allem die Wildtiere, die Vögel, Kleinsäuger und Insekten diese nicht zivilisatorisch bestimmten Lebenszusammenhänge. Diese Naturwesen existieren "aus sich selber heraus", sie leben scheinbar in einer Realität jenseits der menschlichen Zwänge, Ängste und Mühen. Mit dem Bibelwort aus der Bergpredigt: "Sehet die Vöglein des Himmels. Sie säen nicht, sie ernten nicht, sie sammeln nicht in die Scheunen und, euer himmlischer Vater ernährt sie", läßt sich die Faszination der Wildtiere umschreiben.

In einer Zeit, wo die meisten Menschen mehr Zigaretten- und Autotypen kennen als Pflanzen und Tiernamen, kommt der Naturbeobachtung eine besondere pädagogische Bedeutung zu. In der Beobachtung dieser Naturwesen lernt man eine ganze Menge über ökologische Zusammenhänge und Rücksichtnahme. Ein Kleingärtner Arthur Wechtel schildert diesen Aspekt der Naturerfahrung aus seinem Alltagserleben: "*Ich habe noch eine Igelfamilie im Garten. Die sind unter dem Heu versteckt. Deshalb nehme ich das Heu im Winter auch gar nicht weg. Abends um zehn oder halb elf, da leuchtet man mit der Taschenlampe und dann freut man sich, wenn die Igel durch den Garten laufen, wenn man dann das Igelgrunzen hört*".

Aus Beobachtung der Natur erwächst Interesse, aus Interesse erwächst Kenntnis und aus Kenntnis entsteht Engagement für die natürliche Mitwelt. Angesichts der drohenden Umweltkatastrophen kann gerade ein veränderter alltäglicher Umgang mit der Natur wichtig sein, um so auch gesamtgesellschaftlich eine sinnvolle Umweltpolitik einzuüben. *Klaus-Michael Meyer-Abich*, Naturphilosoph und Politiker, sieht in den Gärten die räumlichen Experimentierfelder für einen friedlichen Umgang mit der Natur: *"Ich halte den Garten für die Keimzelle einer Erneuerung unserer Kultur. In einem Garten hat ja auch einmal alles angefangen. Hier gilt es, heute erneut vom Baum der Erkenntnis zu essen, der dann zum Baum des Lebens wird. Die im Garten erneuerte Naturwahrnehmung kann in einer neuen Ästhetik des Alltags Gestalt gewinnen und für das Industriesystem den Weg zur Umkehr zu Leben weisen"*. Folgt man *Meyer-Abich* in seiner Einschätzung, so sind die 50.000 Kleingärten in Berlin zugleich Tausende Experimentierfelder, um zu einem besseren Naturverständnis zu gelangen.

Psychologen wie Zivilisationskritiker sind der Meinung, daß ein Großteil unserer psychischen Defekte auf unsere besorgniserregende Naturferne zurückzuführen sind. Obgleich sich unsere Sinne über Hunderttausende von Jahren an und mit dieser Natur entwickelt haben, bietet das Leben in den Städten kaum noch spontane Naturerlebnisse. Damit stellt das Grün in der Stadt, stellt der Kleingarten auch so etwas wie einen ortsunabhängigen menschlichen Heimatbereich dar. Der Dichter *Max Frisch* hat dies in einer Tagebuchnotiz sehr anschaulich dargestellt: *"Rast in einem Park: wenn man Bäumen und Wolken nicht ansieht, wo in der Welt man sich grad befindet"*. Die Stadtsoziologin *Felicitas Romeiss-Stracke* stellt in diesem Zusammenhang die Verbindung zum Heimatbegriff her: *"Natur ist eine wesentliche Assoziation von Heimat und prägt auch das Empfinden lokaler Identität, Grün symbolisiert in jeder Form eine Art von Geborgenheit, "In-Ordnung-Sein", Einbettung in kosmische Zusammenhänge"*.

Ein alltäglicher Umgang mit der Natur, der für die meisten Gartenfreunde vor allem im Kleingarten passiert, scheint von existentieller Bedeutsamkeit. Der amerikanische Verhaltensforscher *Wilson* wagte kürzlich hierzu folgende Vorhersage: *"Die Menschen können in einer Umwelt aufwachsen, in der Pflanzen und Tiere weitgehend fehlen, und nach außen hin wirken sie vielleicht sogar noch ganz normal. (...) Fragt man sie, ob sie glücklich sind, so würden diese Leute wahrscheinlich ja sagen. Doch etwas Lebenswichtiges fehlt ihnen, nicht nur das Wissen um die Freuden, deren Ahnung ihnen verbliebe, sondern eine breite Fülle von Erfahrungen, für die das menschliche Gehirn besonders eingerichtet ist. Soviel glaube ich zu wissen, und ich möchte es als einen praktischen Ratschlag aussprechen: Auf der Erde wie im Weltraum sind (...) Topfpflanzen, Wellensittiche in Bauern, Schoßhündchen und Gummischlangen nicht genug"*. Die Menschen brauchen das Grün also nicht nur als sonntägliche Zierde, sondern als handfesten Erlebnis- und Alltagsraum. Für viele Berliner ist damit ihr Stückchen Alltagsgrün, ihr Kleingarten von existentieller Bedeutung.

KLEINGÄRTEN ALS ERHOLUNGSRÄUME

Daß der Freizeitbereich in den nächsten Jahren zum zentralen Lebensbereich wird, darin sind sich fast alle gesellschaftlichen Gruppen mit der Wissenschaft einig. Auch die Investitionsentscheidungen der Industrie zielen auf den Freizeitsektor als expandierenden Marktbereich. Die Arbeitszeit hat in den letzten Jahrzehnten stark abgenommen. Derzeit stehen wir an einem weiteren Scheidepunkt dieser Entwicklung: Die Regelarbeitszeit von 40 Stunden wird durch 38,5, ja 37 Stunden ersetzt, die 35-Stunden-Woche ist in Sicht. Ursache dieser Entwicklung sind neben gewerkschaftlichen Erfolgen schwerwiegende Veränderungen im Produktionsprozeß, die man als mikroelektronische Revolution bezeichnen kann: Maschinen und Computer ersetzen immer mehr menschliche Arbeit; die verbliebene Arbeit muß bei gleichzeitiger Arbeitszeitverkürzung auf mehr Leute verteilt werden. Nur so scheint es möglich, die umfassende Produktionsumstrukturierung sozial verträglich zu gestalten und die hohe Arbeitslosigkeit zu begrenzen.

Die neuen Produktionsverfahren stellen an die menschliche Leistungskraft immer höhere Anforderungen. Deshalb nimmt das Erholungsbedürfnis der arbeitenden Bevölkerung zu. Nicht mehr die körperliche Leistungsfähigkeit der Menschen ist am Computer gefragt, sondern Konzentrations- und Kontrollfähigkeit. Ein sich stetig verändernder Arbeitsprozeß verlangt von den Beschäftigten ein hohes Maß an Flexibilität. Im Arbeitsprozeß wird der Mensch immer mehr auf seinen Kopf reduziert, seine körperlichen Kräfte sind kaum gefragt. Diese "Entkörperlichung" des Arbeitsprozesses geht mit zunehmender Streßdichte einher: In immer kürzeren Zeiträumen wird immer mehr produziert und geleistet. Die eigene Arbeitsleistung an Produkt oder Dienstleistung bleibt dem Beschäftigten undurchsichtig. Zunehmend muß man sich als ein kleines unbedeutendes Rädchen im immer rascheren Getriebe fühlen. Der hoch arbeitsteilige Produktionsprozeß bedeutet für viele Menschen, daß sie kaum noch Erfolgserlebnisse aus ihrer Tätigkeit schöpfen können.

Die hier nur stichwortartig aufgeführten Veränderungsprozesse im Arbeitsleben erfordern im besonderen Maße Natur-Strukturen als Ausgleichsraum. Das Stadtgrün kann damit in doppelter Hinsicht zum Freiraum werden: Zum gesellschaftlichen Freiraum ohne undurchsichtige Zwänge und Normen und zum grünen Freiraum inmitten einer einengenden Bebauung. Das Grün in der Stadt könnte somit eine nie gekannte freizeitpolitische Bedeutung erlangen. Der Kleingarten als zukünftiger Erholungsraum wird wichtiger. Im Gegensatz zum Arbeitsprozeß sind hier nicht nur bestimmte Fähigkeiten und Kenntnisse gefragt, sondern der Mensch ist in seiner Ganzheit gefordert.

Die Gartenarbeit ist eine zukunftsbezogene Tätigkeit, die in besonderem Maße Körpereinsatz fordert. Beim Gärtnern bleiben alle Aspekte des Arbeitsprozesses vom Pächter und seiner Familie überschaubar. Die Ergebnisse der Arbeit sind sichtbar und in Form von Ernteerträgen mit handfesten "Erfolgserlebnissen" verbunden. Außerdem ist das Kleingärtnern nicht nur auf den Bereich von Pflanze und Boden beschränkt. Kleingärtner müssen von vielen Handwerken etwas verstehen. Sie sind gleichzeitig ein wenig Schlosser, Maurer, Zimmermann und Klempner. Dieses breite Spektrum der handwerklichen Tätigkeiten im Kleingarten fordert das Improvisationsgeschick der Gartenfreunde. Damit kann das Kleingärtnern als aktive Erholung geradezu als ausgleichende Tätigkeit zu einem immer undurchschaubareren gesellschaftlichen Arbeitsprozeß verstanden werden. Ein Berliner Kleingärtner, Fritz Aussicker, sieht diesen Zusammenhang so: *"Im Kleingarten herumwerkeln, das ist ein ziemlich freies Gefühl. Das fängt ja schon mit der Bauweise der einzelnen Lauben an. Jeder hat so seine Gedanken, wie er die Laube fertigen möchte. Jeder hat einen anderen Gedankenweg, bis er dahin kommt, wo er hin will. Der Eine macht es mit fünf Handgriffen, der Andere macht es mit zehn. Aber jeder kann sagen, das ist mein Werk, das habe ich selbständig gemacht, von der Planung bis hin zur Ausführung. Da hat man seine Selbstbestätigung".*

In dieser Aussage wird deutlich, daß das Gärtnern nicht als Belastung, sondern als angenehme Ausgleichstätigkeit begriffen wird. Deshalb ist es nur zu verständlich, daß die Gartenarbeit eine Hauptmotivation für die Kleingartenpacht ist. Die Einschätzung, daß der Kleingarten aus Freude an der Gartenarbeit gepachtet wird, erhielt die vierthöchste Zustimmung aller möglichen Aussagen der Tab. auf Seite 77.

Die überragende Bedeutung der Gartenarbeit für die Berliner Gartenfreunde ist am Zeitaufwand, mit dem der Kleingarten "in Schuß" gehalten wird, abzulesen. Bei den Kleingärtnern

Kunst am Bau

fallen pro Woche durchschnittlich fast 12 (Männer), bzw. fast 11 (Frauen) Stunden Gartenarbeit an, d.h. pro Tag wird fast 2 Stunden im Garten gearbeitet. Zusätzlich kommt noch durchschnittlich täglich eine weitere Stunde für andere handwerkliche Tätigkeiten hinzu. Die Berliner Kleingärten sind also Orte, wo man im beträchtlichen Umfange selbstbestimmt herumwerkelt. Sie sind damit von großer Bedeutung als Ausgleichsraum für eine weitgehend entfremdete berufliche Arbeit. Aktive Erholung im Freien in Form des Gärtnerns ist in Berlin für den überwiegenden Teil der Bevölkerung allein im Kleingarten möglich. In öffentlichen Freiflä-

Lieber den Sperling in der Hand als die Taube auf dem Dach!
Sprichwort

chen darf nicht gewerkelt werden, die Anzahl von Mietergärten in Berlin ist zu gering und ein eigenes Haus mit Garten für die meisten Berliner finanziell nicht realisierbar.

Neben der "aktiven Erholung", die mit dem Schrebergärtnern verbunden ist, ist hier auch passive Erholung möglich. Dem Bedürfnis nach Entspannung, das nicht der Langeweile entspringt, sondern den gestiegenen Ansprüchen der Arbeitswelt und des Alltages, kann man im Kleingarten nachgehen. In einer Zeit, wo zwar die freie Zeit zunimmt, diese aber durch die Ansprüche und Verlockungen einer allgegenwärtigen Konsum- und Medienumwelt immer weniger selbstbestimmt ist, kommt der ungezwungenen passiven Erholung wachsende Bedeutung zu. Wie das Gärtnern, so gehört auch der Liegestuhl zum Kleingarten. In diesem Sinne wird der Kleingarten zum ruhigen grünen Zimmer.

Wichtig ist in diesem Zusammenhang auch das entspannende Beobachten der Pflanzen mit ihren wachstums- und jahreszeitlich bedingten Veränderungen. Damit trägt die Kleingartenbewirtschaftung dazu bei, das stetig sich beschleunigende Alltagsleben, die Hektik des Großstadtlebens etwas abzubremsen. Das sommerliche Leben im Kleingarten scheint gegenüber der Arbeits- und Konsumzeit "verlangsamt". Es wird noch in beträchtlichem Maße von den natürlichen Lebenszyklen des Gartens bestimmt. Aus der Tabelle auf Seite 77 wird deutlich, daß die passive Entspannung, was den durchschnittlichen Zeitaufwand betrifft, die aktive Erholung schon leicht überholt hat.

Da die öffentlichen Freiflächen auf der einen Seite immer mehr zu Aktivzonen werden, wo der Freizeitsport das Parkleben, und auf der anderen Seite der Naturschutz und die Denkmalpflege das Parkbild stark beeinflussen, ist auch die "Liegestuhlerholung" immer mehr auf den Bereich des Kleingartens beschränkt. Deshalb ist es verständlich, daß bei der Beurteilung des Berliner Kleingartenwesens durch die Pächter dieser Aspekt eine große Beachtung findet. Nach ihren eigenen Aussagen schätzen die Kleingärtner am meisten den Garten als Rückzugsraum von der großstädtischen Hektik (vgl. folgende Tabelle auf Seite 74).

Neben den alltäglichen gärtnerischen und handwerklichen Tätigkeiten, die notwendig sind, um einen Kleingarten zu bewirtschaften, bietet die Parzelle für viele Gartenfreunde Anreize, diesen Freiraum für ihre Hobbys zu nutzen. Viele, die zunächst aus wirtschaftlicher Not Gartenarbeit verrichteten, machten daraus ihre Liebhaberei. Aus dem Nützlichen wird das Angenehme. Mit sich und den Nachbarn entbrennt der sommerliche Wettstreit um die größten Kohlköpfe, die seltensten Rosensorten oder den farbigsten Blumenschmuck.

Obwohl im Kleingarten selbstverständlich das Gärtnern das vorherrschende Hobby ist, bietet die Parzelle darüber hinaus noch genügend Raum, um anderen naturbezogenen Hobbys nachzugehen. In einigen Kolonien ist heutzutage noch die Kleintierzucht verbreitet, die gleichfalls aus Liebhaberei betrieben wird. In den Berliner Kolonien finden sich noch zahlreiche Parzellen mit Kaninchen, Tauben, Hühnern und anderem Federvieh. Weit verbreitet ist auch die Freude an der gestalterischen Tätigkeit, die später noch eingehend dargestellt werden soll.

Zunehmend finden sich in den Berliner Kleingärten auch Gartenfreunde, die mit ökologischen Anbauweisen experimentieren. Dort wird nur noch biologisch gedüngt, es werden Hügelbeete angelegt und bestimmte Fruchtfolgen eingehalten. Wildwachsende Pflanzen werden nicht als Unkraut bekämpft, sondern als Wildkräuter in die Parzellenlandschaft integriert.

Angesichts eines immer anonymeren und abstrakteren Arbeits- und Vergnügungsalltages ist das Wichtigste am Hobby, daß hier alle Aspekte des "Arbeitsprozesses" zusammenfallen: Hier wird geplant, gewerkelt und das Produkt erstellt. Hinzu kommt der wesentliche Unterschied zur Arbeitswelt: Hobbyarbeit ist nicht primär auf ein fertiges Produkt orientiert. Das Hobby entwickelt sich: Die Tätigkeit ist oftmals wichtiger als das Produkt, das manchmal doch nicht fertig wird, ja dadurch für den Bastler seinen Reiz verliert.

Der Kleingarten als Erholungs- und Ausgleichsraum ist selbstverständlich für jene besonders wichtig, die aus dem Arbeitsleben ausgeschieden oder ausgegrenzt sind: Für die alten Menschen und Frührentner. Gartenarbeit ist eines der wenigen Hobbys, dessen Bedeutung mit dem Alter zunimmt. Schon heutzutage hat diese Personengruppe unter den Pächtern einen großen Anteil: Mehr als 25% aller Gartenfreunde haben das 60. Lebensjahr überschritten. Die Selbstbestätigung, die sie nicht mehr in ihrem Arbeitsleben finden können, schöpfen viele ältere Gartenfreunde aus der Kleingartenbewirtschaftung. Hier werden ihre Kenntnisse, handwerklichen Fähigkeiten und Erfahrungen noch gebraucht, ja sie werden regelrecht von Nachbarn und Freunden nachgefragt. In der Kleingartenkolonie gehören viele ältere Menschen noch nicht zum "Alten Eisen". *Günter Kühn*, der bekannte Aachener Städtebauer, bezog diesen Aspekt des Kleingartens insbesondere auf die Gartenarbeit: *"Was gibt es Schöneres als gerade in dieser Lebensphase, in der das Alleinsein eine besondere Rolle spielt, pflanzen und säen zu können – eine zukunftsbezogene Tätigkeit".*

Ähnliches könnte für jene gelten, die von Arbeitslosigkeit betroffen sind. Allerdings deutet die geringe Anzahl der arbeitslosen Kleingärtner in Berlin (weniger als 1% der Kleingärtner bei gut 10% der Bevölkerung) darauf hin, daß sich das Berliner Kleingartenwesen verstärkt auch wieder diesen Bevölkerungsschichten öffnen muß.

Der sanitäre Aspekt des Grüns führte vor hundert Jahren in Berlin zur Einrichtung von Parkanlagen und Kleingärten.

Hier noch ein paar Zahlen:

Tätigkeiten im Kleingarten/Stunden pro Woche

Tätigkeiten	Er	Sie
Gartenarbeit	11,9	10,9
Hausarbeit	3,6	9,4
Entspannung	12,4	12,5
Geselligkeit	6,1	6,3
Arbeiten an der Laube, am Zaun, Gartentor usw.	5,2	2,4
Spielen	3,6	4,0
Sonstiges	5,1	4,0
Insgesamt	44,5	47,3

Zugänglichkeiten der Kolonieanlagen in Berlin (W)

Ganzjährig	65,2%	nie	10,1%
Nur im Sommer	24,7%	insgesamt	100%

Ausstattung der Kleingartenkolonien in Berlin (W)

Kantine	17,1%	Kinderspielplatz	23,1%
Vereinsplatz	53,4%	Sitzbänke	32,2%

KLEINGÄRTEN ALS KINDERFREUNDLICHE ORTE

Die Entstehung des Kleingartenwesens, jedenfalls sofern sie auf den Pädagogen *Schreber* zurückzuführen ist, war vor allem auf die philanthropisch-pädagogische Betreuung von Kindern gerichtet. Obwohl die gärtnerischen Tätigkeiten später dominierten, sind auch heutzutage die Kleingärten noch relativ kinderfreundliche Orte. Von ihren räumlichen Möglichkeiten her könnten sie jedoch noch wesentlich attraktiver sein.

In den großen Städten werden Kinder in Reservate, als Kinderspielplätze bezeichnete Orte, abgeschoben. Das ist ihre Umwelt! Auf Spiel- und Bolzplätze abgedrängt sind die Kinder weitestgehend aus dem Stadtbild verschwunden. Dies ist weniger der Ängstlichkeit der Kinder und Eltern anzulasten, als vielmehr der Gefährlichkeit des Straßenraumes und einer städtebaulichen Ideologie, die alle Nutzungen fein säuberlich voneinander trennen möchte. Für jedes und alles gibt es den speziellen Ort: für Kinder den Spielplatz. Im Stadtraum, der immer besser verwaltet und durchorganisiert wird, existieren kaum noch zugängliche Orte (wie Brachflächen, überwachsene Gärten, Teiche usw.), die die kindliche Phantasie anregen. Damit sind den Stadtkindern auch Möglichkeiten genommen, sich mit natürlichen Materialien, mit Pflanzen und Tieren auseinanderzusetzen, sich mit Natur vertraut zu machen. Wie Kinder zum Leben einer Stadt dazugehören, so gehört die alltägliche Lebensumwelt der Kinder zu ihrem Erfahrungshorizont. Kinder benötigen keine abgeschotteten teuren Spielplätze, sondern Spielräume, in denen sie spielend ein breites Spektrum von Erfahrungen machen können.

Kleingartenkolonien bestehen aus einem Geflecht von Räumen mit einem verschiedenartigen Grad von Öffentlichkeit. Die unterschiedlichen Nutzungsräume können für das Kinderspiel reizvoll und anregend sein, denn verschiedenartige Räume bedeuten auch unterschiedliche Erfahrungsräume:

Zunächst gibt es einen Parzellenbereich: Der eigenständige, familienfreundliche Garten. Er eignet sich gut zum behüteten Kinderspiel, ist also besonders wichtig für Kleinkinder. Hier halten Eltern oder Großeltern ihre Kinder im Auge und können doch selbst eigenen Tätigkeiten nachgehen. Die im Vergleich zur Enge der Wohnung relativ großen Parzellen ermöglichen zudem im bescheidenen Umfang Bewegungsspiele (Schaukeln, kleine Ballspiele usw.). Ebenso wichtig dürfte aber die Möglichkeit sein, daß Kinder hier erste Kontakte mit natürlichen Elementen haben. Im Mithelfen bei der Gartenarbeit lernen sie in spielerischer Weise den Umgang mit Pflanzen kennen. In diesem Sinne sind die Kleingartenparzellen zwar abgeschlossene Bereiche, die jedoch im Vergleich zu Spielplätzen zur alltäglichen Lebensumwelt der Familie dazugehören und neben dem Spiel auch Naturerfahrung ermöglichen.

Die halböffentliche Zone der Kleingartenkolonie – Wege, Vereinsheim, Festplatz, Gemeinschaftsgrün – ermöglicht den Kindern dagegen ein breiteres Erfahrungsfeld, das gemeinsam er-

Kinder
brauchen
Spielraum
im Freien

Rangfolge* der subjektiven Bewertung der Kleingärten durch Pächter	
Der Kleingarten gibt mir die Möglichkeit, der Hektik des Großstadtlebens zu entfliehen	2,6
Mir ist wichtig, daß ich meinen Garten nach eigenen Vorstellungen gestalten kann	2,5
Für mich und meine Kinder ist wichtig, den Kreislauf der Natur beobachten zu können	2,2
Ich halte mir einen Kleingarten aus Freude an der Gartenarbeit	2,2
Mein eigenes Obst und Gemüse ist gesünder als gekauftes	2,1
Selbstangebautes Obst und Gemüse schmeckt besser als gekauftes	1,9
Mein Kleingarten und die Kolonie bieten sichere, gute Spielmöglichkeiten für meine Kinder usw.	1,7
Der Kontakt zu den Nachbarn hat für mich große Bedeutung	1,4
Ein anderer Kleingarten könnte nie meinen jetzigen ersetzen	1,1
Ich unterhalte mich gern mit den Spaziergängern, die unsere Kolonie besuchen	0,8
Die Erträge (Obst, Gemüse, Blumen) tragen zur wirtschaftlichen Entlastung meines Haushalts bei	0,7
Ich schätze das Vereinsleben: Feste feiern und vorbereiten, gemeinschaftliche Aktivitäten	0,7
Mein Kleingarten würde mich bei einem günstigen Arbeitsplatzangebot in Westdeutschland vom Fortzug aus Berlin abhalten	0,4
Ich halte mir einen Kleingarten, weil meine Eltern, Großeltern, nahe Verwandte einen hatten	0,4

* Die Zahlen sind Rangkoeffizienten nach der von +3 bis −3 reichenden Bewertungsskala.

obert sein will. Dieser Raum bietet schulpflichtigen Kindern vielfältige Erfahrungs- und Erlebnismöglichkeiten. Hier können sie Freundschaften mit Nachbarskindern schließen, hier müssen sie sich mit schimpfenden Gartenfreunden auseinandersetzen, die sich über den Kinderlärm beschweren, hier können sie ohne Gefahr mit dem Roller und dem Fahrrad herumrasen, die Kirschen aus Nachbars Garten stehlen usw.. Zwar gibt es auch in den Kolonien viele kleinliche Verbote (Radfahren verboten! Mittagsruhe! usw.), die Überwachung dieser Normen scheint jedoch wenig streng zu sein.

Immerhin ein gutes Fünftel aller Berliner Kolonien verfügt darüber hinaus über gesonderte Spielplätze, die auch den Besucherkindern zugänglich sind. Da sich die meisten Vereine in Kolonieverbunden befinden, sind in den größeren Kleingartengebieten Berlins auch öffentliche Kinderspielplätze vorhanden. Trotzdem könnte die Anzahl der Spielplätze als Ergänzung des informellen Spielraumes "Kleingartengebiet" mit geringen Mitteln noch gesteigert werden. Die gestalterische Qualität der vorhandenen Spielplätze ist zudem oftmals wenig ansprechend. Mit etwas mehr Phantasie und weniger Ordnungssinn könnte die Attraktivität der vorhandenen Spielplätze jedenfalls gesteigert werden.

Die Kinderfreundlichkeit vieler Kleingartenkolonien hat sich herumgesprochen, wie der Gartenfreund *Heinz Reuß* beobachtete: *"Es kommen sehr viele Kindergruppen hierher, Kleinkinder mit Kindergärtnerinnen. Dies bietet sich an, weil es hier so abgeschlossen ist: Die Kindergärtnerinnen können hier ihre Gruppen leichter überschauen. Ältere Leute sitzen hier, wir haben hier Bänke aufgestellt. Sie ruhen sich auf ihrem Spazierweg ein wenig aus, man unterhält sich. Es ist hier eigentlich immer eine Bewegung, ein Kommen und Gehen. Dies ist hier über die Jahrzehnte gewachsen".*

Im öffentlichen Bereich der Berliner Kleingartenkolonien ist allerdings noch viel zu tun, damit diese Zonen auch für Kinder attraktiver werden. Die Wege- und Gemeinschaftsanlagen, die von vielen Gartenfreunden nur als Erschließungsflächen für ihre Parzellen gesehen werden, können erst dann echte Erfahrungsräume für Kinder sein, wenn sie verändert werden. In vielen Kleingartengebieten bewirkt die Sauberkeitsnorm ein steriles Erscheinungsbild auch des öffentlichen Bereiches. Dabei bietet gerade der gärtnerische Charakter der Kleingartengebiete genug Möglichkeiten, die Kinder an der Gestaltung des öffentlichen Raumes spielerisch zu beteiligen. Gelingt es, Modelle, wie z.B. Kinderbauernhöfe, in die Kleingartengebiete zu integrieren, so wird nicht nur die Langeweile im Erscheinungsbild des halböffentlichen Koloniebereiches aufgebrochen. Die Kolonien werden für Kinder zum bunten Spielraum und für Erwachsene interessanter. Manche Kleingartenkolonien im Berliner Ruhwaldgelände experimentieren in diese Richtung: sie legen z.B. Aktivzonen für die Kinder an mit Tieren, Geräten und Pflanzmöglichkeiten.

Eine dritte Erfahrungsmöglichkeit, die allerdings organisiert ist, bieten die Geselligkeiten der Kleingartenvereine. Die vielfältigen Vereinsaktivitäten spielen sich meist ebenfalls im halböffentlichen Raum (Festplatz, Vereinsheim usw.) der Kolonie ab. In diesem Zusammenhang gehört es zu einer guten Tradition im Berliner Kleingartenwesen, alljährliche Kinderfeste zu veranstalten, zu denen auch die Kinder der benachbarten Wohngebiete eingeladen sind. Außerdem bietet die Schreberjugend den Pächterkindern vielfältige Betätigungsmöglichkeiten, die vor allem auf ältere Kinder und Jugendliche zielen. Fahrten werden durchgeführt, Kurse und Fortbildungsmaßnahmen angeboten, Diskotheken und Feste veranstaltet. Darüber hinaus führt diese Jugendorganisation politische Bildungsarbeit durch. Für die älteren Kinder und Jugendlichen erweitert sich damit wiederum der eigene Erfahrungsraum. Gleichzeitig dienen diese Aktivitäten dazu, die Kinder mit der Gartenkultur des Kleingartenwesens vertraut zu machen: aus den Kindern von heute werden die Gartenfreunde von morgen.

Die besondere Kinderfreundlichkeit der Kleingartengebiete wurde auch deutlich in einer Untersuchung, die im Auftrage des Bundesministers für Jugend, Familie und Gesundheit im Ruhrgebiet durchgeführt wurde (1978). In dieser wissenschaftlichen Arbeit wurde festgestellt, daß Kleingärten bei einigen Einrichtungen "den höchsten Freizeitwert für Erwachsene und gleichzeitig für die Kinder haben".

Im dicht bebauten Berlin, das große Versorgungsmängel im Spielraum- und Freizeitbereich aufweist, sind Kleingärten für viele kinderreiche Haushalte letzte kinderfreundliche Orte. Zahlreiche kinderreiche Berliner Haushalte bewerben sich deshalb um einen Kleingarten, wie die Landschaftsplanerin *Undine Giseke* in einer Diplomarbeit über die Bewerber im Kleingartenwesen feststellen konnte. Angesichts der politischen Bemühungen, die rückläufige Bevölkerungsentwicklung zu stabilisieren, sollte auch die Schaffung neuer Kleingärten als bevölkerungspolitische Maßnahme verstanden werden. Sie würde dazu beitragen, die Stadt wieder kinderfreundlicher zu machen.

Da jetzt über die Hälfte aller Todesfälle durch

Ein Blick ins Märchenland

Kreislauferkrankungen verursacht sind, dürfte das Kleingartenwesen auch heute gesundheitspolitisch verstärkt zu beachten sein.

Die Kleingärten sind jedoch nicht nur für die Pächter als Erholungsraum von zentraler Bedeutung, sondern auch für viele Spaziergänger. Sie machen hier regelmäßig ihre Runde, unterhalten sich mit den Gartenfreunden und nutzen deren Erholungseinrichtungen mit.

Es gibt hier mehr Erholungs- und Gemeinschaftseinrichtungen als in westdeutschen Kolonien. In jedem größeren Kleingartengebiet sind Kantinen, Vereinsplätze und Kinderspielplätze vorhanden. Deren Zahl und die der Sitzgelegenheiten für Besucher sollte jedoch erhöht werden. Auch die Ausstattung der Erholungseinrichtungen ist in manchen Kleingartenkolonien durchaus verbesserungswürdig. Noch häufig finden sich lieblos zusammengezimmerte Bänke am Rande schmaler Wege; diese werden Spaziergänger kaum zu einer Verschnaufpause einladen.

Obwohl es in Berlin einen Mangel an Erholungsgrün gibt, sind bisher nur knapp zwei Drittel aller Kolonien ganzjährig für Besucher geöffnet. Ein Zehntel aller Kolonien, vor allem die unmittelbar an Wohnungsgebiete angrenzenden, sind für Besucher dauernd versperrt. Begründet wird dies meist mit der Gefahr des Vandalismus.

Andere Kolonien haben sich zwar geöffnet, die Enge und der lieblose Charakter der Wege vermitteln dem Besucher jedoch eher das Gefühl, ein unerwünschter Eindringling zu sein. Da der halbprivate Charakter der Kleingartenanlagen auf Besucher ohnehin nicht sehr einladend wirkt, verstärken Abschottungsmaßnahmen (hohe Hecken, Zäune, Bissige-Hunde-Schilder usw.) noch das Gefühl des Unerwünschtseins. Ein Schild aus einer Berliner Kolonie zeigt diese unfreundliche Seite: "Des Schrebergärtners größter Fluch, ist im Sommer Regen und Besuch".

Es muß bedacht werden, daß die Kleingartengebiete kein Privateigentum, sondern von der Allgemeinheit subventionierte Erholungseinrichtungen sind, die – im begrenzten Umfang – auch allen Bürgern offen sein müssen. Aus dem "Privileg", einen begehrten Kleingarten zu besitzen, erwächst die soziale Verpflichtung, damit die Öffentlichkeit zu erfreuen.

Auch das Spielen kann gefährlich sein.
Die Eltern haften jedenfalls.

KLEINGÄRTEN ALS KOMMUNIKATIONSZONEN

Die räumliche Wohnumwelt der Städte nennt der Psychoanalytiker *Alexander Mitscherlich* "unwirtlich". Er beklagt eine bauliche Anonymität, die zur Folge hat, daß die nachbarschaftlichen Kontakte abnehmen. Die Enge der Wohnung und die Struktur der Haushalte – mit ständig steigendem Anteil an Einpersonenhaushalten – bringen es mit sich, daß Wohnung und Wohnumwelt wenig kontaktfreundlich sind.

Kleingärten aber sind kommunikationsförderlich. Zum einen gibt es einen privat nutzbaren Parzellenbereich, dann die halböffentlichen Gemeinschaftsbereiche (Wege, Vereinslokal, Vereinsplatz, Kinderspielplätze usw.) und schließlich einen Geselligkeitsbereich, in dem sich das Vereinsleben abspielt.

In den Sommermonaten bekommt rund ein Zehntel der Gartenfreunde täglich Besuch von Freunden, Bekannten, und Verwandten, die selbst keinen Kleingarten besitzen. Gut ein Drittel der Berliner Kleingärtner erhielt mehrmals in der Woche Besuch und fast 40 % einmal in der Woche. Die Gartenfreunde werden auf ihren Parzellen weit häufiger besucht als in ihren engen Wohnungen.

Während man im Mietwohnbereich nur die eigene Wohnungstür auf- oder zumachen kann und sich nachbarschaftliche Grußkontakte nur im Treppenhaus oder aber durch formelle Einladungen ergeben, kann man aus der "Sicherheit" der eigenen Parzelle heraus, ohne große Einladungsrituale, mit anderen Gartenfreunden oder Besuchern über Zaun oder Hecke hinweg ein Schwätzchen halten. Die zwanglose Unterhaltung ermöglicht einen spontanen, zu nichts verpflichtenden Meinungsaustausch, der anderswo nur schleppend oder auch gar nicht zustande kommt. Die Kommunikationsschwelle im Kleingarten ist deutlich geringer als die im Wohnbereich.

Diese besondere Geselligkeit drückt sich auch in dem Berliner Ausdruck "Laubenpieperstadt" aus.

Die einzelne Kleingartenparzelle ist besonders familienfreundlich. Anders als in der Enge der Wohnung ist hier noch genügend Raum für den Dreigenerationenhaushalt vorhanden. Die durchschnittlich 350 qm große Kleingartenparzelle in Berlin reicht aus, um gleichzeitig Spielräume für Kleinkinder, Arbeits- und Hobbyzonen für die Elterngeneration und Ruheräume für die Großeltern nebeneinander zu bieten. Die Aufteilung der Verantwortung für einzelne Aufgaben der Kleingartenbewirtschaftung fördert den Kontakt zwischen den Generationen. Darin ist eine wesentliche Ursache für die intensive Nutzung der Kleingärten durch die Pächterfamilien zu sehen.

Die Übernachtungshäufigkeit in den Berliner Kleingärten von April bis Oktober ist außerordentlich hoch: Gut 23 % aller Berliner Gartenfreunde übernachten durchschnittlich sechs- bis siebenmal im Kleingarten, 14 % drei- bis fünfmal in der Woche und nur gut 30 % übernachten weniger als einmal im Monat in ihren Kleingärten.

Die Bestrebungen des Berliner Senates, die

Ein kleiner Plausch im Garten

Kleingartenparzellen auf durchschnittlich 250 qm zu verkleinern, sind unter diesen Gesichtspunkten durchaus kritisch zu sehen: Winzige Parzellen, die nicht mehr das Gefühl der Geborgenheit vermitteln, sondern ein Aufeinanderrücken der Gartenfreunde bewirken, bergen die Gefahr, daß Kontakte erschwert werden und das subjektive Wohlbefinden der Gartenfreunde sinkt.

Die vielfältigen Kontaktmöglichkeiten in den Kleingartenkolonien werden durch gemeinsame Aktivitäten im Verein ergänzt. So entsteht allmählich ein Geflecht nachbarschaftlicher Beziehungen, das viele Gartenfreunde positiv empfinden: Man tauscht gegenseitig gärtnerische Kenntnisse aus, berät sich bei der Pflanzenauswahl, gibt sich Tips über günstige Einkaufsmöglichkeiten, leiht sich Werkzeug und Gartengeräte aus, ja hilft sich untereinander beim Laubenbau oder bei handwerklichen Tätigkeiten. Ein Pächter schildert diese alltägliche Nachbarschaft so: *"Das Wichtigste hier ist die Nachbarschaft. Jeder hilft jedem. Wenn man einmal nicht mehr weiter weiß, dann geht man zum Nachbarn und fragt: Na hör mal zu, wie mach' ich das am besten? Hier gibt es immer irgendwelche Fachleute, die Erfahrungen haben ... Dies ist dann auch ein Gewinn für später, denn was man einmal von jemandem gezeigt bekommen hat, das ist dann gelernt, das ist gefressen."*

Die Ergebnisse einer repräsentativen Befragung der Berliner Gartenfreunde unterstreichen die Bedeutung der Kleingartengebiete als Kommunikationsräume: 84 % der Kleingärtner sind der Meinung, daß der Kontakt zu den Nachbarn für sie von großer Bedeutung sei. 58 % schätzen im besonderen Maße das Vereinsleben mit seinen Festen und gemeinschaftlichen Aktivitäten. Ebensoviele Gartenfreunde unterhalten sich gern mit Spaziergängern, die ihre Kolonie besuchen.

Kolonie "Zur Pappel" um 1950.
Foto: Landesbildstelle Berlin

GESPRÄCHE MIT BERLINER LAUBENPIEPERN II

Gartenfreundin Rosa Schumann

Die Kleingärten in Charlottenburg-Nord, waren noch bis in die sechziger Jahre hinein ein großes zusammenhängendes Gebiet. Nach und nach wurden immer mehr Kolonien abgeräumt, bis schließlich nur noch ein zusammenhängender Torso übrigblieb. Dort sind die Kleingärtner besonders sensibel für Bedrohungen ihrer Parzellen. Bei einem Spaziergang durch Charlottenburg Nord sprachen wir eine Gartenfreundin an, die uns auch gleich auf die Veranda bat.

Frau Schumann, wie lange haben Sie denn Ihren Kleingarten?

Meine Schwiegereltern haben diesen Kleingarten unmittelbar nach dem Kriege bekommen. Meine Schwiegermutter ist schon – zwar in einer anderen Kolonie – in einem Kleingarten groß geworden. Diese Parzelle war während des Krieges eine Art Müllabladeplatz der Kolonie. Mein Schwiegervater hat das dann kultiviert, und jetzt haben die Eltern meines Mannes den Garten schon seit gut 40 Jahren.

Was bedeutet dieser Kleingarten für Sie persönlich?

Allein die Tatsache, daß wir am Wochenende aus der Stadt hinausfahren können und wir hier unseren grünen Garten haben, ist für uns sehr, sehr wichtig. Wir wohnen in Moabit in einer Stadtwohnung ohne Balkon, und unsere Kinder können dort eigentlich nur im Hinterhof spielen. Sie sehen ja, was die Kinder hier alles machen, sie klettern und toben herum. Und dann ist uns die Ruhe wichtig. Hier können wir bei offenem Fenster schlafen. In der Wohnung geht das ja nicht, denn irgendwer geht immer durch den Hinterhof, oder er schließt sein Fahrrad auf. Dies hier ist unser Erholungsort.

Am Wochenende schlafen Sie sicherlich regelmäßig im Kleingarten, in der Woche auch?

Ja, im Sommer jedes Wochenende. In der Woche auch, wenn die Kinder Ferien haben. Wir sind ja keine Autofahrer, sondern haben Fahrräder, und deshalb ist es schwierig, hier werktags zu schlafen, wenn Schule ist. Aber sobald wir Freizeit haben, fahren wir hier raus.

Und was bedeutet Ihnen die Gartenarbeit als Freizeitbetätigung?

Ja, das finden wir auch ganz wichtig. Wir bauen beispielsweise hier Pflanzen vor der Laube nach biologischen Grundsätzen an. Meine Schwiegereltern haben eigentlich immer intensiv gegärtnert, und wir machen dies seit ungefähr fünf Jahren. Je älter meine Schwiegereltern wurden, um so mehr Rasenfläche wurde angesät, und je mehr Personen wir wurden, um so mehr Fläche brauchen wir. Aber seitdem die Kinder in der

Frühlingslaube
von
Ludwig Uhland

Die linden Lüfte sind erwacht,
Sie säuseln und weben Tag und Nacht,
Sie schaffen an allen Enden.
O frischer Duft, o neuer Klang!
Nun, armes Herze, sei nicht bang!
Nun muß sich alles, alles wenden.

Die Welt wird schöner mit jedem Tag,
Man weiß nicht, was noch werden mag,
Das Blühen will nicht enden.
Es blüht das fernste, tiefste Tal:
Nun, armes Herz, vergiß der Qual!
Nun muß sich alles, alles wenden.

Schule sind und mir etwas Zeit lassen, gärtnere ich. Zu den normalen Gemüsesorten wie Kohlrabi und Tomaten probiere ich immer etwas Neues aus. In diesem Jahr habe ich beispielsweise Buchweizen ausgesät, denn wer weiß heute schon, wie Buchweizen aussieht. Das ist ja auch wichtig für die Kinder, denn sonst kennen die ja die Gemüsesorten nur aus dem Laden. Das ist zwar alles nicht sensationell, macht mir aber furchtbar Spaß.

Ist der Gemüseanbau in den Kleingärten Ihrer Meinung nach eigentlich wieder attraktiver geworden?

Ja, das kann man sagen. Je jünger die Familien sind, um so mehr wird wieder allerlei gepflanzt, je älter sie sind, je häufiger dürften Ziergärten zu finden sein. Allerdings die ganz alten Gartenfreunde, die gärtnern noch aus Tradition.

Nach dem neuen Bundeskleingartengesetz und dem neuen Berliner Musterkleingartenpachtvertrag soll ja die Laubengröße auf 24 qm beschränkt werden. Wie beurteilen Sie diese Entwicklung?

Das finde ich unmöglich. Auf 24 qm, insbesondere dann, wenn man wie wir eine große Familie hat, da kann man kaum noch schlafen. Man kann nur hoffen, daß sich diese Regelung in den Kolonien bei den Vereinsvorständen nicht durchsetzen wird. Unsere Laube beispielsweise,

"Wenn die Kinder mir etwas Zeit lassen, gärtnere ich."

die hat gut 50 qm und wurde nach dem Krieg mit viel Eisen, Beton und Steinen aufgebaut. So eine schöne Laube abzureißen, um an der gleichen Stelle eine neue kleine zu errichten, das wäre doch der blanke Wahnsinn.

Frau Schumann, hatten Ihre Schwiegereltern hier eigentlich noch ein Dauerwohnrecht?

Ja, bis 1974, da haben die sich in ihre Hauptwohnung umgemeldet, und sie verloren damit ihr Dauerwohnrecht. Das kann man auch nie wieder bekommen. Das hat uns nachträglich geärgert, daß meine Schwiegereltern aus freien Stücken ihre Laube als Dauerwohnung abgemeldet haben. Hätten die noch ein Dauerwohnrecht, dann wäre es für den Staat schwieriger, diese Parzelle zu räumen.

Wenn Sie jetzt demnächst diese Parzelle von Ihren Schwiegereltern übernehmen, geht denn das so ohne weiteres?

Wir müssen einen völlig neuen Vertrag haben. Diese Parzelle wird auch neu abgeschätzt, so daß wir praktisch auch neu Übernahmekosten bezahlen müssen. Unser Kleingartenvorstand ist ja sehr kooperativ, aber ein bürokratischer Vorstand, der könnte uns dann sogar diese Parzelle nehmen und anderen Bewerbern geben. Wir stehen aber auch schon seit fünf Jahren auf der Warteliste, damit es nicht heißen kann, wir würden bevorzugt.

Wissen Sie denn, was hier für Übernahmekosten gezahlt werden müssen?

Freunde von uns haben neulich 25 000 DM für eine ganz schlecht erhaltene Laube gezahlt, ein Wahnsinnsgeld, das sich ärmere Leute gar nicht mehr leisten können.

Wo ist denn Ihre Heimat? Hier oder in Ihrer Wohnung?

Im Winter da brauche ich auch meine Wohnung, aber heimisch fühle ich mich hier. Hier ist es für uns wie ein Stückchen alltäglichen Urlaubs. Wir können ja hier in Berlin nicht hinausfahren, da kommt man sofort immer an die Mauer. Da gehen wir lieber in den Garten. Abgesehen vom Urlaub fahren wir eigentlich nie aus Berlin heraus.

"Heimisch fühle ich mich hier!" Foto: Rolf-D. Bathe

Die Gerbers

Ein Ehepaar ist gerade dabei, ihre Kleingartenlaube in einer Schöneberger Kolonie abzuschließen. Sie sehen aus wie das typische Beamtenehepaar, adrett und freundlich. Wir nutzen Ihren freundlichen Gruß, um ins Gespräch zu kommen.

Was finden Sie denn am schönsten an Ihrem Kleingarten?

Au, (Gelächter), das Unkraut finden wir am schönsten. Das wächst nämlich bei dem Regen unglaublich schnell. Aber im Ernst: Das Wichtigste ist uns die Ruhe und die frische Luft. Das ist unser Ausgleich im Gegensatz zur Stadt. Aber das ist nicht nur Vergnügen, sondern bringt auch eine Menge Arbeit mit sich.

Wie lange haben Sie die Parzelle denn schon?

Wir selbst sind hier noch nicht lange. Der Schwiegervater war hier vorher drauf. Insgesamt haben wir in unserer Familie diese Parzelle aber schon seit 23 Jahren.

Was halten Sie denn von den Plänen des Senats, daß nach dem neuen Flächennutzungsplan etliche Parzellen abgeräumt werden sollen?

Wir unterschreiben hier schon dauernd dagegen. Das ist eine Frechheit. Vonwegen, wir müssen hier Industriegelände bereithalten oder in unserem Falle hier Bahngelände! Das ist albern! Die ganzen Industrieflächen, die wir haben, die sind alle nicht ausgelastet.

Würde Familie Gerber an anderer Stelle noch einmal neu mit einem Kleingarten anfangen?

Nee. Wenn ich erst stundenlang fahren muß, um zu meinem Garten zu kommen, dann kann ich darauf verzichten.

Was bedeutet für Sie das Gärtnern, Sie haben ja noch relativ viel Gemüse und kaum Rasenflächen?

Das ist nur noch im Moment so. Das hier hatte Schwiegervater gehabt, und der hatte den Grünkohl neben den Astern und die Kohlrabi neben den Dahlien. Uns ist das zuviel Durcheinander. Ich werde hier noch etwas mehr Rasenfläche machen.

Für Sie ist also der Erholungsaspekt wichtig?

Selbstverständlich. Aber trotzdem macht es Spaß, Gemüse zu züchten. Aber dieses Jahr, das hat keinen Spaß gemacht. Das einzige, was hier gut steht, das ist Grünkohl. Schauen Sie sich mal die Tomaten an. Ich kann denen ja keinen schlechten Witz erzählen, damit sie schnell rot werden.

Aber gibt es heute nicht die Tendenz, daß im Zuge eines gestiegenen Umweltbewußtseins wieder mehr Gemüse angebaut wird?

Aber das haben die hier eigentlich immer gemacht. Sie können ja bei einem Gang durch die Kolonie sofort erkennen, wo neue Pächter drauf sind oder wo alte Pächter sind. Bei den alten werden nämlich noch Kartoffeln angebaut.

Was halten Sie denn von der Nachbarschaft im Kleingartenwesen?

Hier ist 'ne sehr gute Nachbarschaft. Hier ist einer für den anderen da.

Und Sie nehmen auch aktiv daran teil?

Ja, allerdings es gibt solche und solche. Hier gibt es auch welche, die beteiligen sich nicht. Na schön, die machen mal den Garten ihres Nachbarn mit, wenn der mal in Urlaub ist. Aber sonst machen die nichts. Zum Frühschoppen sind sie auch nicht da. Aber das ist natürlich auch nicht jedermanns Sache.

Gibt's hier auch noch die Gemeinschaftsarbeiten, oder kann man sich hier freikaufen?

Nein, warum, das gehört doch dazu. Das ist hier so geregelt, daß veranschlagt wird, was das alles kostet, und diejenigen, die das machen, die bekommen das dann auch bezahlt. Die Gemeinschaftsarbeit, das ist ja eigentlich auch das Wichtigste. Das gehört dazu.

„Bedenke, mein Sohn, daß die Arbeit uns eine Freude und ein Vergnügen sein soll."

„Ja, Vater, aber man soll doch nicht immer bloß an sein Vergnügen denken!"

Frau Piper

Später fällt uns ein Garten auf, der voller Blumen ist. Hier werkelt eine schon ältere Frau herum, die uns freundlich begrüßt, als wir ihr über den Zaun zusehen. Wir haben Frau Piper vor uns.

Sie besitzen wirklich einen schönen Garten, da sieht man, daß da viel Liebe drinsteckt. Wie lange haben Sie denn schon Ihre Parzelle?

Wissen Sie, ich bin schon seit 28 Jahren Laubenpieper. Ich habe hier schon den zweiten Kleingarten. Den vorher mußte ich aufgeben, weil dort eine Rampe gebaut wurde, dann bekam ich diesen hier als Ersatz. Für mich ist am schönsten das Erholen und das nachbarschaftliche Verhältnis. Die Kleingärtner hier haben ein ganz nettes nachbarschaftliches Verhältnis.

Frau Piper, wie sind Sie denn zu Ihrem Kleingarten gekommen?

Mein Mann kam aus der russischen Gefangenschaft. Der kam schwer krank zurück, der hatte die Gelbsucht, und er wurde Frührentner. Da hat der Arzt uns frische Luft empfohlen. So haben wir uns einen Kleingarten gepachtet. Ich selber hatte gar keine Beziehung zum Garten. Aber das ergab sich so. Und heute möchte ich meinen Garten nicht mehr missen.

Machen Sie Ihren Garten ganz allein?

Ja, mein Mann ist schon seit 24 Jahren tot. Bei schwerer Arbeit hilft mir allerdings mein Nachbar. Die sind hier alle sehr hilfsbereit. Das geht dann schon. Auch als alleinstehende Frau kann ich hier meinen Garten bewirtschaften.

Vereinsleben, gibt es das hier auch noch?

Ja, einmal wird hier jedes Jahr ein Kinderfest veranstaltet. Dann gibt es noch einmal einen Kleingärtnerball.

Ihr Garten ist ja ein Blumenmeer, haben Sie denn kein Interesse an Gemüse?

Ich hab ja gar nicht mehr den Platz für Gemüse. Ich mußte ja hier die Laube dahinten mitten auf dem Gelände bauen. So habe ich leider keine Sonne.

Wohnen Sie auch in der Laube?

Ach Gott, ja mal am Wochenende, aber kommen Sie doch herein, sehen Sie sich einmal Garten und Laube von innen an. Trinken Sie auch einen Schnaps, Kognac oder Wodka? Sonst kann ich Ihnen leider nichts anbieten. Aus der Gegend wo ich herkomme – in der Nähe von Danzig – gehört so ein bißchen Gastfreundschaft zur Selbstverständlichkeit.

Besten Dank, Frau Piper. Ja, einen kleinen Wodka trinken wir gern. (Wir sehen uns die Laube an und unterhalten uns über die schlimme Jugendzeit, die unsere Gastgeberin als Vertriebene gehabt hat).
Angenommen Ihr Garten würde abgeräumt, würden Sie noch einmal anderswo neu anfangen?

Nein. Gucken Sie mich nicht so fragend an, ich hab' meine Jahre auf dem Buckel.

Liegt das Gärtnern in Ihrer Familie?

Eigentlich nicht. Meine Eltern hatten in der Nähe von Danzig ein großes Anwesen. Früher habe ich mir überhaupt nichts aus dem Garten gemacht, den machten andere.

Der Garten ist aber auch gesund für Sie, oder?

Ja, ich brauche ein bißchen Betätigung. Das hält jung – oder zumindest jünger.

Ist der Garten für Sie mehr Arbeit oder Hobby?

Der ist Hobby, ich sauf' nicht, ich rauche nicht, also ich gärtnere.

Sie haben hier gerade Obst geerntet. Kochen Sie denn noch ein?

Ja, ich bin ja noch von früher. Das muß sein.

Kommen Sie eigentlich im Winter auch in den Kleingarten?

Ja, ich muß doch meine Vögel füttern. Die warten immer schon auf mich. Möchten Sie eigentlich noch einen Wodka oder Kognac? Sonst kann ich ihnen ja gar nichts anbieten.

Die Blumen aus dem eigenen Garten sind schöner als alle anderen

KLEINGARTENVEREINE ALS POLITISCHE ERFAHRUNGSBEREICHE

Vom individuellen Erleben her gesehen ist das Kleingartenwesen eine Art private Freiraumnutzung, mit einigem Abstand betrachtet läßt es sich aber als eigenständige Gartenkultur verstehen, als Bestandteil unseres Gemeinwesens kennzeichnen. Diese demokratisch-politische Dimension des Kleingartenwesens wird oft verkannt.

Die Selbstverwaltung im Kleingartenwesen wurde mühsam einer autoritären Verwaltung abgerungen. Genossenschaftliche Organisation stellt in der obrigkeitsstaatlichen deutschen Geschichte eine demokratische Tradition dar, die schon deswegen von dem Stadtpolitiker ernstgenommen werden muß. Anders als etwa in angelsächsischen Ländern gibt es in Deutschland ja kaum eine politisch demokratische Tradition auf Nachbarschaftsebene.

In den *älteren* Kleingartengebieten gibt es noch ein Verständnis vom Kleingartenwesen, das durch die traditionellen Elemente der Arbeiterkultur geprägt ist, die sich gewerkschaftlich für menschenwürdige Arbeitsbedingungen und selbstbestimmte Erholungsmöglichkeiten einsetzt. Für viele Gartenfreunde ist diese Tradition ungebrochen; das Kleingartenwesen, der Kleingartenverein stellt für sie ein Stück Heimat, im nicht-parteipolitischen Sinne auch ein Stück politischer Heimat, dar.

Gesellschaftliche Aktivitäten halten die Gemeinschaft zusammen und verstärken auch den politischen Zusammenhalt. Besucher erleben bei solchen Veranstaltungen "Kleingartenöffentlichkeit", ein Stück gartenkulturellen Lebensgefühls, das vor allem in der Weimarer Republik ein Stück Berliner Arbeiterkultur war.

Das Vereinsleben dieser älteren Kolonien ist sehr intensiv, und Geselligkeiten verbinden sich mit Selbstverwaltungsaufgaben: Die jährliche Pachtzahlung wird nicht vom Konto überwiesen, sondern bar bezahlt, und gleichzeitig werden dabei die anstehenden Vereinsprobleme diskutiert. Der wöchentliche, sonntägliche Frühschoppen dient nicht nur der Geselligkeit, sondern es werden auch aktuelle politische Fragen diskutiert. *"Dieses Gemeinschaftsempfinden herrscht nicht nur im Garten, das setzt sich auch außerhalb fort (...) Wir machen die verschiedensten Aktivitäten, damit die Gemeinschaft auch im Winter aufrechterhalten wird. Sonnabends und Sonntags wird das Vereinshaus geheizt, da können wir dann miteinander reden. Da werden dann die aktuellen Tagesfragen beredet" (Gartenfreund).* Vor allem die Vereinsfunktionäre schöpfen Selbstbestätigung aus ihren Funktionen in der kleingärtnerischen Selbstverwaltung: Direkte Demokratie auf nachbarschaftlicher Ebene fördert freilich auch im offiziellen Politikbereich demokratisches Verhalten.

Da sich die Sozialstrukturen in vielen Kleingartengebieten Berlins aber hin zum Mittelstand verschoben haben, ist in diesen Kolonien die auf Gemeinschaft zielende "kleingärtnerische Öffentlichkeit" kaum mehr gefragt. Die mittelständische Gartenkultur ist eher auf Privatheit ausgerichtet. Der Kleingarten wird nicht aus Familientradition gepachtet oder um die Nähe Gleichgesinnter zu bieten, sondern als preiswerter und attraktiver Erholungsraum. In den "mittelständischen Kolonien" scheint das Vereinsleben weniger wichtig, ja manchmal wird es auch als eine Art notwendiges Übel angesehen. Viele Gartenfreunde nehmen an den gemeinschaftlichen Instandsetzungsarbeiten nicht mehr teil, sondern kaufen sich durch kleinere Geldbeträge davon frei. Die Kleingartenkolonie ist hier nicht mehr ein zentraler Gemeinschafts- und Politikraum: man hat eine einzelne Parzelle gepachtet und nicht das Vereinsleben.

Andererseits bewirkte die permanente Abrißdrohung für viele Kleingartenkolonien Berlins, daß das politische Bewußtsein der Gartenfreunde geschärft wurde. So sind die Mittelstandskolonien mit hohem Akademikeranteil und vielen Pächtern mit guten Kenntnissen in Verwaltungs- und Verfahrensabläufen oft besonders engagiert, wenn es darum geht, die Umwidmung ihrer Kolonie oder andere politische Benachteiligungen zu verhindern. Dann entwikkeln sich aus "Rahmen" mittelständischer Kleingartenvereine effektive Bürgerinitiativen, die alle rechtlichen und politischen Möglichkeiten ausschöpfen.

Die Bedeutung des Kleingartenwesens für das politische Leben West-Berlins dürfte in der Addition beider Politikerfahrungen liegen: der traditionellen Kleingartenöffentlichkeit und des aktuellen Engagements der mittelständischen Gartenfreunde: Dann entsteht ein großer Mobilisierungseffekt, der dazu führt, daß sich viele Tausende Gartenfreunde und ihre Angehörigen für den Erhalt von Kleingartenkolonien engagieren. Die dadurch ausgelöste politische Emotionalisierung kann die Landespolitik beeinflussen. Eine besondere Qualität erhält die parteipolitisch unabhängige Mobilisierung dann, wenn – wie bei der Auseinandersetzung um den neuen Berliner Flächennutzungsplan – viele Kleingartengebiete in ihrer Existenz bedroht sind.

KLEINGARTENKUNST ALS VOLKSKUNST

Der Genuß von Schönheit und Kunst wird immer mehr von ihrer Erstellung getrennt: Man kauft sich Kunstwerke oder andere schöne Dinge und annulliert damit eine wesentliche Komponente des ästhetischen Bedürfnisses: das Erlebnis des eigenen künstlerischen Schaffensprozesses. *"Ästhetisches genießen und ästhetisches Handeln sind zwei Prozesse, die im Individuum nicht grundsätzlich auseinander gerissen werden dürfen, wenn Ästhetik zur Persönlichkeitsentfaltung beitragen soll" (Nohl).*

Auch bei der Gestaltung des Stadtbildes gibt es so eine Trennung von Produzenten – Architekten, bildende Künstler, Gartenarchitekten und Stadt- und Verkehrsplaner – und der großen Gruppe der Kunst- und Ästhetikkonsumenten. Die Städter sind von der Gestaltung ihres Lebensraumes praktisch ausgeschlossen. Auch die letzten unverplanten Stadträume verfallen einer eindeutigen Nutzung, ihr Erscheinungsbild wird festgelegt und normiert. Es gibt kaum noch Stadträume, wo sich die künstlerische Phantasie der Bewohner sichtbar ausleben kann. Sie schafft sich manchmal Luft in spontanen Aktionen (Graffiti-Malerei) oder in beharrlichen Versuchen, die eigene Wohnumwelt zu begrünen (Bepflanzen von Bürgersteigen, Hausfassaden usw.). Der wichtigste traditionelle Eigengestaltungsraum für jene, die sich kein Haus mit Garten leisten können oder wollen, ist aber der Kleingarten:

Einerseits scheint sich in vielen, vor allem neueren Berliner Kleingartenkolonien eine Einheitsgartenkultur durchzusetzen, die sich an den Gestaltungsnormen der Garten- und Freizeitindustrie orientiert: Immer mehr Parzellenlandschaften bestehen aus pflegeleichten Ziergehölzen, Einheitslauben mit Hollywood-Freizeitmobiliar und die Pächter eifern den Freizeitlandschaften der Gartenausstellungen nach. In vielen alten Kolonien Berlins findet man jedoch noch eine traditionelle Garten- und Laubengestaltung, die als eigenständige Gartenkultur, als Gartenkunst von unten bezeichnet werden kann.

Auch ist in vielen Einzelparzellen zu beobachten, daß nach einiger Zeit allmählich die eigene Phantasie, das Bedürfnis nach Eigengestaltung durchbricht. Anfangs umfaßt der eigengestaltete Bereich nur einige Details, nimmt aber schließlich den gesamten Parzellenbereich ein. Hier schafft sich dann ein Bedürfnis Luft, von dem der Freizeitpädagoge *Spitzer* sagt: *"Manchmal triumphiert am Feierabend die angeborene schöpferische Kraft über die tägliche Frustration am Arbeitsplatz, siegt die individuelle Phantasie über die Normierung und die Mentalität des Verbrauchers, überwindet eine fröhliche Anarchie den*

Untertanengeist von Ruhe, Ordnung und Disziplin."

Der Charakter von Gartenarbeit und Gartengestaltung kommt dabei dem kreativen Bedürfnis vieler entgegen, die in ihrem Bildungsprozeß zwar keine künstlerischen Fertigkeiten erlernt haben, aber ihre Phantasie ausleben möchten. Andere Künste erfordern besondere Kenntnisse und handwerkliche Fähigkeiten, doch mit der Gartengestaltung sind viele Menschen schon seit ihrer Kindheit vertraut. Während Fehler beim Hausbau teure Folgen nach sich ziehen, können Fehler in der Gartengestaltung wieder ausgebügelt werden. Der Garten ist traditionell der Lebensraum, wo sich das Nützliche mit dem Schönen verbindet, wo Arbeit und Entspannung, Phantasie und Handwerklichkeit keine Gegensätze bilden. Der Garten ist somit ein idealer Kunst- und Lernort.

Der Gestaltungsraum "Kleingarten" ist nicht nur für die Kleingartenpächter und ihre Besucher wichtig, er sollte auch für die professionellen Umweltgestalter als Anschauungsraum genutzt werden. Architekten, Landschaftsarchitekten, bildende Künstler und Stadtplaner, aber auch die verantwortlichen Stadtpolitiker können hier einiges über das Schönheitsempfinden der Bürger lernen. Beispielhaft ist in diesem Zusammenhang der bekannte französische Gartenarchitekt *Bernard Lassus,* der sich intensiv mit der Gartenkultur "von unten" auseinandergesetzt und aus ihr für seine eigenen Parkgestaltungen Ideen geschöpft hat.

Gartenkunst als Volkskunst äußert sich nicht in spektakulären Parzellenlandschaften, ist aber mit einigem Spürsinn noch in fast allen Kleingartenkolonien aufzufinden:

1. Die professionelle städtische Umweltgestal-

tung ist fixiert auf fertige, kaum veränderbare Resultate. In den Kleingartengebieten finden sich hingegen gestalterische Lösungen, die immer wieder verändert und verbessert werden. Natürlich hofft man bei jedem Zwischenergebnis wieder den Beifall der Nachbarschaft zu finden: *"Das ist schon etwas Erhebendes, wenn einer vorbeikommt und sagt: Mensch, das hast du aber wieder schön hingekriegt. Da freut man sich ja doch, wenn das einer sagt" (Berliner Gartenfreund).*

2. Die professionelle Umweltgestaltung wird in einem bis ins kleinste unterteilten Arbeitsprozeß organisiert: Stadtplaner konzipieren die Rahmenplanung, Architekten erarbeiten den Plan, Künstler kümmern sich um Dekoratives, verschiedene Bauträger um die Kosten, und die unterschiedlichsten handwerklichen Berufe erstellen letztlich das konkrete Bauwerk, das von Menschen genutzt wird, die an alledem unbeteiligt waren. In der Kleingartengestaltung gibt es dieses Spezialistentum nicht: Alles wird von einer Person oder einer Gruppe erdacht, geplant und erstellt. Als Ergebnis entstehen Produkte von besonderer Individualität. Kleingartenkunst ist in diesem Sinne als ein Prozeß mit emanzipatorischen Elementen zu verstehen. Der gute Satz von Joseph Beuys, daß jedermann Künstler sei, trifft für viele Berliner Gartenfreunde zu.

3. In der Gestaltung der Berliner Kleingärten entsteht ein ländlicher Gegenentwurf zur Stadtlandschaft. Viele Parzellenlandschaften sind individuelle Alternativen zur Naturferne der alltäglichen städtischen Umwelt, die in der Inselsituation von Berlin (West) besonders belastend empfunden wird. Mit Pflanzen und Tierfiguren inszeniert man ländliche Situationen, wie auch das Wagenrad, das typische "Landsymbol" vieler Parzellenlandschaft ist, oder die stolz zur Schau gestellten alten gärtnerischen und bäuerlichen Werkzeuge.

Parzellenlandschaften voll mit Zwergen, Förstern und Bambies verkörpern auch ein Stück positiver Utopie: die Sehnsucht nach unentfremdetem Naturganzen. Es steht in deutlichem Kontrast zur Realität der tatsächlichen Landschaft. Damit beinhaltet diese Art der Gartengestaltung auch ein Element der Freiheitssuche.
4. Besonders charakteristisch ist der Hang Berliner Gartenfreunde, sparsam mit Materialien umzugehen: Nichts wird weggeworfen, alles ist noch irgendwie zu gebrauchen – ganz im Gegensatz zum modernen Konsumverhalten, das

alle beschädigten oder unmodernen Gegenstände umgehend durch Neues ersetzt. In den Parzellenlandschaften finden sich Stücke, die aus Abbruchhäusern oder alten Lauben stammen: Aus alten Fenstern werden neue Wintergärten, ehemals hochherrschaftliche Gartengitter werden zu Komposthaufenabgrenzungen, und aus Einwegflaschen entstehen typische Beeteinfassungen. Die alten Flaschen dienen gleichzeitig dazu, Maulwürfe fernzuhalten. Die besondere Wiederverwertungsmentalität wird auch daran deutlich, wie aus allen möglichen Behältnissen Pflanzgefäße entstehen: alte Badewannen, ausrangierte Schubkarren, halbverrostete Töpfe und Schüsseln werden neu gestrichen und als Pflanztröge verwendet.

5. Diese Gestaltung mit Versatzstücken ist eine naturalistisch-realistische – bis hin zur surrealistischen – Kunstform (für den, der Definitionen schätzt). Detailtreue ist wichtiger als Maßstäblichkeit. Es gibt Parzellenlandschaften, in denen sich Größenverhältnisse umkehren, d.h. die Gartenzwerge die Burgen überragen. Wir bemerken einen Hang zum Antinützlichen, einem

"Zweckfreien", das schlicht als schön empfunden wird, ohne Gebrauchswert zu besitzen, so besonders die gebastelten technischen Spielereien, die Windmühlen, Wasserräder oder Miniatureisenbahnen.
6. Die gartengestalterischen und architektonischen Moden erreichen über Gartenschauen und Musterausstellungen die Kleingartengebiete und werden dort in überpointierter Form kopiert. Neben streng beschnittenen Gehölzen und achsialen Wegeführungen gibt es 'verwunschene Landschaftsparks' im Westentaschenformat, die mit ihren Brezelwegen und Koniferenwäldchen den naturalistischen Gartenstil widerspiegeln. Auch die Naturgartenmode hat Einzug gehalten, mit obligatorischem Froschteich, Langgraswiese und Hang zur Verwilderung. Manchmal ist bei den Hobbygartenkünstlern die leise Ironie spürbar, mit der die professionellen Trends kopiert werden. Die Freude an der Gartengestaltung behält etwas Spielerisches, das dem Ernst des Alltagslebens trotzt.

Trotz aller gestalterischen Individualität wirken die einzelnen Berliner Kleingartenkolonien irgendwie verwandt. Das Zusammenleben im Kleingartenverein scheint zu bewirken, daß innerhalb der einzelnen Kolonie ähnliche Parzellenlandschaften entstehen. Erklärbar ist dies vielleicht aus einem gewissen Konformitätsdruck im Verein. Die Berliner Kleingärtner identifizieren sich zuerst mit ihrer Kolonie und in zweiter Linie mit anderen Kleingartengebieten: Von denen grenzt man sich sogar stolz ab. So ein Gartenfreund des vom Abriß bedrohten Zehlendorfer Hoppegeländes: *"Die Dauerkleingärtner, die sehen ja ihren Garten ganz anders als wir. Das ist hier einmalig, das sind regelrecht noch Schrebergärten. Wir haben hier noch eine individuelle Bauweise. Ich bin einer der Jungen, aber ich habe mir die Bauweise meiner Laube von den Älteren abgeschaut. Wenn ich hier eine Laube hinsetze, die den heutigen Standards der Dauerkolonien entspricht, dann paßt mein Garten nicht mehr dazu. Das geht also nicht. Oft hat hier einer versucht auszubrechen, aber die Älteren sind immer in der Lage gewesen, ihn in die Schranken zu weisen. Sie haben dann gesagt: 'Mach' es anders, es paßt dann besser in die Kolonie hinein.'*

Wir wollen Gemüse anbauen! Wenn sich hier einer so einen Klotz von einer Laube hineinsetzt, so würde das stören".

Keine Sorge! Alles ist beisammen und in bester Ordnung.

DIE WIRTSCHAFTLICHE BEDEUTUNG DER KLEINGÄRTEN

Die Bundesrepublik weist bei gut 60 Millionen Einwohnern eine Zahl von etwa 500 000 Kleingärten auf. In der DDR (rund 17 Millionen Einwohner) gibt es – mit steigender Tendenz – gegenwärtig rund 700 000 Kleingartenparzellen. Schätzungen gehen davon aus, daß dort rund ein Drittel des verkauften Obstes und Gemüses aus Kleingärten stammt. Staatlich garantierte Ankaufspreise, die oftmals über den subventionierten Verkaufspreisen liegen, geben den Kleingärtnern Anreize, einen Teil ihrer Ernte dem staatlichen Wirtschaftskreislauf zuzuführen. So haben sich in den Ost-Berliner Kleingartengebieten die Nutzgärten erhalten. Durch den gestiegenen ökonomischen Wohlstand werden jedoch auch dort tendenziell immer mehr Parzellenteile als Ziergärten und Erholungsflächen genutzt.

Erntefest am Spandauer Damm mit Besuch von Stadtpolitikern. Foto: Jehle (Wächter Verlag)

Im Westteil Berlins wurde seit Ende der fünfziger Jahre der Obst- und Gemüseanbau in den Kleingartengebieten immer stärker eingeschränkt. Indem man in den Pachtordnungen Flächenanteile für Nutzpflanzen festzuschreiben versuchte, sollte der Trend zum Zier- und Erholungsgarten gestoppt werden. Doch der Erfolg blieb aus: der erhöhte Lebensstandard, die angespannte Erholungssituation der Inselstadt und ein konsumgerichtetes Schönheitsempfinden veränderten relativ rasch das Erscheinungsbild der Kleingartengebiete. Kartoffelbeete wurden zu kurzgeschorenem englischen Rasen, Gemüsebeete als Terrassen gepflanzt und Obstbäume durch Ziergehölze ersetzt. Gegenwärtig werden in den Berliner Kleingartengebieten durchschnittlich nur noch rund 17 % der Parzellenflächen als Obst- und Gemüsebeete genutzt. Demgegenüber nehmen die Rasenflächen einen Anteil von 35 %, Blumenbeete 14 %, Hecken und Sträucher 13 %, die Baulichkeiten 11 % sowie Terrassen und Wege 8 % ein.

Trotzdem sind die Obst- und Gemüseernteerträge auch heutzutage noch beträchtlich. So wird durchschnittlich pro Kleingarten ein Gemüseernteertrag von 38 Kilogramm erzielt. Umgerechnet auf die Nutzfläche errechnet sich damit ein Ernteertrag, der mit den Produktionsmengen der landwirtschaftlichen Flächen konkurrieren kann. Die Obsterträge aus den Kleingartengebieten sind noch beachtlicher: die Hälfte der Gartenfreunde erwirtschaftet jedes Jahr mehr als 75 Kilogramm Äpfel, Birnen, Pflaumen, Erdbeeren oder Kirschen. Zur Erntezeit kann sich ein Rundgang durch die Kleingartengebiete lohnen: viele Kleingartenvereine sind dazu übergegangen, ihre Ernteüberschüsse an die Besucher unentgeltlich zu verteilen.

Heutzutage werden Obst und Gemüse ja nicht mehr allein aus ökonomischer Notwendigkeit angebaut, sondern aus Spaß am Gärtnern und Ernten. Hinzu kommt das gute Gefühl, sich selbst mit gesundem, ungespritztem Obst und Gemüse versorgen zu können. Auch gibt es nach wie vor Wettkämpfe um den dicksten Kürbis, den schwersten Kohlkopf oder die größten Tomaten.

Wie umfangreich das Spektrum des Fruchtanbaus in den Berliner Kleingartengebieten ist, wird an den 'Hitlisten' der häufigsten Kleinobst- und Gemüsearten erkennbar:

Angeführt wird die "Obsthitliste" von den Apfelbäumen: durchschnittlich 3,1 wachsen auf jeder Berliner Kleingartenparzelle. Auch Birnen-, Kirsch- und Pflaumenbäume gibt es in fast jedem Berliner Kleingarten. Relativ selten zu finden sind dagegen Nuß- und Pfirsichbäume. Rechnet man die Durchschnittswerte aller Einzelparzellen zusammen, so ergibt sich eine gewaltige Zahl von Obstbäumen: etwa eine halbe Million! Dieser Obstwald hat auch eine beachtliche ökologische Funktion. In einigen alten Berliner Laubenkolonien haben sich zudem alte Obstsorten erhalten, die es nirgendwo anders mehr gibt. Sie sind lebendige 'gartenhistorische' Denkmale und könnten bei Rück- und Neuzüchtungen von hohem Wert sein.

Ein ganz professioneller Obst- und Gemüsegarten

Fast jeder zehnte Berliner Kleingärtner verfügt nur über ein Haushaltseinkommen von weniger als 1.400 DM. Für diese Gartenfreunde bleibt der Nutzgarten nach wie vor ein wichtiger finanzieller Entlastungsfaktor. Sollte sich der Trend zur Verarmung breiter Bevölkerungs-

Bienenzucht ist ein rundum lohnendes Unterfangen

schichten aufgrund der strukturellen Arbeitslosigkeit fortsetzen, so könnte der Kleingarten als Selbstversorgungsort auch wieder gesamtgesellschaftlich relevant werden. Derartige Trends zeichnen sich schon in der Krisenregion Ruhr ab: Vor allem türkische Mitbürger graben Brachgelände um und nutzen es zum Anbau von Obst und Gemüse.

Schließlich: Sollte West-Berlin noch einmal in eine Ost-West-Krise geraten, müßten die Kleingärten in dieser Stadt wieder Versorgungsaufgaben übernehmen.

Kleingärten haben aber auch über die Ernteerträge hinaus manche wirtschaftliche Bedeutung: Für jene, die in den Genuß eines Kleingartens gekommen sind, bietet dieser einen recht preiswerten Freizeitinhalt. Dadurch werden teure Freizeithobbys oder Urlaubsfahrten entbehrlich, und die Haushaltskassen der Pächter werden entlastet.

Auch im kommunalwirtschaftlichen Sinne hat das Kleingartenwesen direkte und indirekte Auswirkungen auf den Stadthaushalt. Die Einnahmen aus den Pachtzahlungen der Gartenfreunde summieren sich bei einer Quadratmeterpacht von 25 Pfennig und einer im kommunalen Besitz befindlichen Kleingartenfläche von tausend ha auf rund 2,5 Millionen DM. Auf dem freien Immobilienmarkt würde die Stadt für dieses Gelände eine wesentlich höhere Grundrente erzielen. Andererseits spart sie indirekt wiederum Steuergelder: für die öffentliche Grünfläche "Kleingarten" entfällt ein Großteil der Pflegekosten. Da die Kleingartengelände ungefähr die Hälfte des öffentlichen Grüns ausmachen, ist dies keine geringe Summe.

Außerdem wirkt das Kleingartenwesen kompensatorisch auf den Bedarf an öffentlichen nutzbaren Freiflächen. Nur einer von hundert Kleingärtnern sucht täglich eine öffentlich nutzbare Grünfläche auf, nur jeder Zehnte mindestens einmal in der Woche. Mehr als die Hälfte aller Berliner Gartenfreunde seltener als einmal im Monat. Damit suchen mehr als hunderttausend Berliner kaum öffentlich nutzbare Grünflächen auf. Diese hohe Zahl bedeutet gesamtstädtisch eine Entlastung des öffentlichen Grüns. Würden die Gartenfreunde in gleicher Weise wie die andere Bevölkerung die öffentlich nutzbaren Grünflächen aufsuchen, so wäre die ohnehin belastete Aufnahmekapazität dieser Freiräume erschöpft. Als Folge müßten neue große Grünflächen errichtet werden.

Häufigkeit der Obst- und Gemüsearten

Art	Anteil in %	Art	Anteil in %
Tomaten	94,1	Kürbis, Gurkenarten	45,1
Salat	66,8	Kohl (außer Grünk.)	38,6
Erdbeeren	64,8	Sellerie	37,5
Erbsen, Bohnen	63,3	Sonstiges	26,9
Zwiebeln	57,9	Kartoffeln	23,5
Möhren, Karotten	50,9	Grünkohl	16,3
Himbeeren, Bromb.	46,3	Spinat	13,8

Anzahl der Obstbäume in Kleingärten

Baumart	Anzahl pro Kleingarten	Gesamtzahl (absolut)
Apfel	3,1	150.000
Birne	1,7	82.000
Kirsche	1,9	91.000
Pflaume	1,5	72.000
Pfirsich	0,3	14.000
Walnuß	0,1	5.000
Haselnuß	0,2	10.000
Gesamt	8,8	424.000

Beurteilung des Kleingartens in bezug zur Wohnung

Frage: Wo fühlen Sie sich eher heimisch?	Antwortverteilung in %
im Kleingarten und in der Kleingartenkolonie	15,4
zu Hause in meiner Wohnumgebung	5,6
ich fühle mich hier wie da heimisch	78,7
ich fühle mich weder hier noch da heimisch	0,3
alle Antworten	100,0

Jedes Blatt ist unter Kontrolle

AKTUELLE PROBLEME DES BERLINER KLEINGARTENWESENS

Richteten sich die Kämpfe der Kleingärtner seit der Entstehung des Kleingartenwesens vor allem gegen rechtliche Unsicherheit, zeitweilige Ausbeutung und wiederkehrende Kündigungswellen, so geht es in Berlin heute um die Freiflächen als Manövriermasse der Stadtentwicklung. Unter den Grünflächen sind es an allererster Stelle die Kleingärten, die für bauliche Nutzungen umgewidmet werden. Entsprechend sieht der Entwurf des neuen Flächennutzungsplanes die Reduzierung der kleingärtnerisch genutzten Flächen um ein Sechstel vor – trotz fehlender Freizeitmöglichkeiten und der starken Nachfrage nach Kleingärten.

In den letzten 20, 30 Jahren hat sich die Nutzung und Bedeutung der Kleingärten grundlegend verändert. Statt der ehemals sozial benachteiligten und finanziell schlechter gestellten Kleingärtenpächter gibt es heute überwiegend gutsituierte Gartenfreunde, die ihre Kleingärten zu Mittelstandsgärten gemacht haben.

Waren 1925 weit über die Hälfte aller Kleingartenpächter noch ungelernte Arbeiter, Arbeiter oder schlechtverdienende Beamte, so hat sich deren Anteil zum Zeitpunkt der repräsentativen Befragung 1983 halbiert: jetzt dominiert die Gruppe der Angestellten, gefolgt von den Beamten.

Fast ein Viertel der Kleingartenpächter hat bereits das Rentenalter erreicht, ein Resultat der allgemeinen Überalterung von Berlin (West) und der mit etwa 35 Jahren sehr hohen durchschnittlichen Pachtdauer der Parzellen.

Daß die Verdrängung der Arbeiter aus den Westberliner Kolonien sich nicht mit einem allgemeinen Rückgang der Arbeiter unter den Erwerbstätigen erklären läßt, zeigt der Vergleich mit der Berliner Bevölkerungsstatistik, der die relativ geringe Repräsentanz der Arbeiterschichten in den Kleingartengebieten verdeutlicht. Gegenüber 47 Prozent Arbeitern in der Wohnbevölkerung gibt es in den Kolonien nur 34 Prozent. Besonders deutlich wird die soziale Verschiebung beim Anteil der Arbeitslosen: mit einer Arbeitslosenquote von 1,06 u.H. unter den Kleingärtnern kann man hier noch von einer "Vollbeschäftigung" sprechen, während der Anteil bei der Wohnbevölkerung zum Zeitpunkt der Erhebung mit 9,9 Prozent deutlich höher lag.

Die soziale Verschiebung der Kleingartenpächter hin zum Mittelstand ist neben der Berufsgruppenzugehörigkeit auch an den Einkommensverhältnissen ablesbar.

Das durchschnittliche Haushaltsnettoeinkommen der Kleingärtner lag 1983 mit 2.700 DM um 700 DM über dem der allgemeinen Wohnbevölkerung. Auch wenn der durchschnittliche Kleingärtnerhaushalt größer ist, so zeigen die Einkommensverhältnisse doch die relativ gute wirtschaftliche Situation vieler Berliner Gartenfreunde auf.

Mit dem abnehmenden Anteil sozial Schwacher in den Berliner Kleingartengebieten geht die sozialpolitische Bedeutung dieser grünen Refugien stark zurück: Was sind die Ursachen hierfür in einer Zeit, die auch in Berlin durch hohe Arbeitslosigkeit und eine steigende Zahl von Sozialhilfeempfängern gekennzeichnet ist?

Falsch ist sicherlich die Annahme, daß die wirtschaftliche Bedeutung für diesen Personenkreis so weit in den Hintergrund getreten ist, daß sie kein Interesse an der Bewirtschaftung einer Parzelle mehr haben. Denn gerade die Gartenfreunde, die über ein geringes Einkommen verfügen, nutzen – wie in der Befragung festgestellt wurde – eine größere Fläche für den Obst- und Gemüsebau. Die ökonomische Bedeutung der Kleingärten beschränkt sich zudem nicht nur auf die unmittelbare Nahrungsmittelproduktion, sondern liegt mehr und mehr im Freizeitsektor. Hohe finanzielle Aufwendungen für Freizeit, eingeschränkte Freizeitmöglichkeiten in West-Berlin, mühsame und teure Wochenendfahrten nach Westdeutschland, all das sind Argumente, die letztlich für fast alle Bevölkerungsgruppen eine Kleingartenpacht attraktiver machen. Ein Kleingarten mit seinem geringen Pachtpreis von heute etwa 25 Pf./m^2 pro Jahr bietet gerade für einkommensschwache Bevölkerungsschichten eine preiswerte Alternative zum kommerziellen Freizeitangebot.

Die Berufsgruppenzugehörigkeit der Berliner Kleingärtner(innen) 1983

Berufsgruppe	Männer (in %)	Frauen (in %)
Angestellte(r)	28,9	29,8
Beamte(r)	16,0	2,9
Arbeiter(in)	10,0	8,7
Facharbeiter(in)	15,2	3,7
Selbständige(r) / Freier Beruf	4,3	2,3
Hausfrau/Hausmann	0,3	32,9
Rentner(in) / Pensionär(in)	24,8	19,2
in der Ausbildung befindlich (Azubi, Student(in), Schüler(in))	0,4	0,6

Vergleich der Berufsgruppenzugehörigkeit: Kleingartenpächter – Wohnbevölkerung

Stellung im Beruf	Kleingärtner in %		Wohnbevölkerung in %	
	Männer	Frauen	Männer	Frauen
Selbständig	5,7	4,9	10,0	6,2
Beamter	21,5	6,2	11,6	6,7
Angestellter	38,5	63,0	31,5	56,2
Arbeiter	33,9	25,9	46,9	30,9
Gesamt	100,0	100,0	100,0	100.0

Nicht ein nachlassendes Interesse der Arbeiter, Arbeitslosen und Sozialhilfeempfänger ist für die Entwicklung zum Mittelstandsgarten hin verantwortlich, sondern die Verdrängung der Arbeiter aus diesem Bereich.

Die *Abstandsforderungen* für Garten und Laube haben sich mittlerweilen zu einer Höhe aufgeschaukelt, die es schlechter verdienenden Kleingarteninteressenten unmöglich macht, eine Parzelle zu pachten. Aufgrund des extrem ange-

Entwicklung der Übernahmekosten je nach Pachtzeit

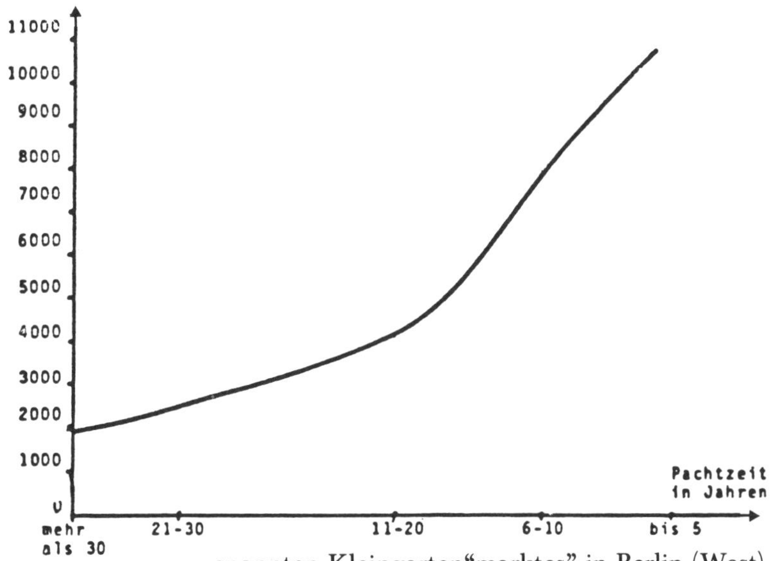

Einkommensverteilung der Pächterhaushalte (in Tsd. DM)

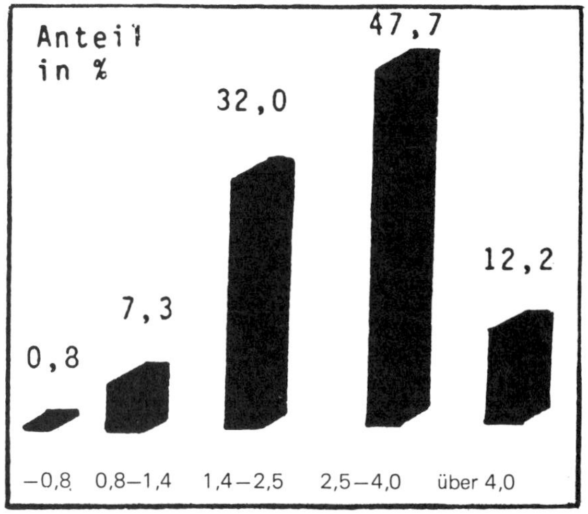

spannten Kleingarten"marktes" in Berlin (West) wird fast jede geforderte Summe an den Vorpächter gezahlt. Auf einer immer kleiner werdenden Kleingartenfläche drängen sich immer mehr Bewerber um die Parzelle. Wo eine große Nachfrage auf ein immer kleineres Angebot trifft, kommt es zu Preistreibereien, die letztendlich die wirtschaftlich Schwachen von einer Kleingartenpacht ausschließen.

Die Abschätzungen der freiwerdenden Parzellen werden von Pächterkommissionen durchgeführt, die die Investitionen in den Gärten nach einem Katalog bewerten. Dabei wird das "Mobiliar" des Kleingartens, sein Zustand usw. berücksichtigt, wobei die größte Summe auf die Laube entfällt. Den Bewerbern, die in der finanziellen Lage sind, diese Summe aufzubringen, wird der Garten zugeteilt. Da der Pächter bisher sicher sein konnte, jede Investition ohne irgendeine Abschreibung bei Pachtaufgabe von seinem Nachfolger zurückzuerhalten, entstanden in der jüngsten Vergangenheit anstelle der traditionellen Lauben Wochenendhäuser en miniature mit dem dazugehörigen Koniferen-Ensemble und den der Optik dienenden Zierrasenflächen.

Lagen die durchschnittlichen Abstandszahlungen in den fünfziger Jahren noch bei unter 2.000 DM, so wurden in den letzten sieben Jahren durchschnittlich über 10.000 DM gezahlt. Aber auch Forderungen von 40.000 DM, ja 60.000 DM sind keine Seltenheit und werden gezahlt.

Diese Praktiken schrecken in Berlin (West) finanziell schwächer gestellte Interessenten von vorneherein von einer Bewerbung ab. Jedenfalls müssen sie sich auf eine langjährige Wartezeit einrichten, um einen ausnahmsweise preiswerten Kleingarten anpachten zu können.

Mit dem neuen *Bundeskleingartengesetz*, das eine Beschränkung der Laubengröße vorsieht, erhofft sich der Gesetzgeber einen Stop der ausufernden Abstandssummen. Außerdem sind viele Kolonievorstände zu der grundsätzlich begrüßenswerten Praktik übergegangen, vom Pächter bei Aufgabe seiner Parzelle die Reduzierung der Laubengröße auf 24 qm zu verlangen, wobei dann die Abstandssumme niedriger ausfällt. Leider werden damit selbstgebastelte Lauben, die im Laufe der Zeit durch kleine Anbauten und Schuppen erweitert worden sind und eventuell einen individuellen Reiz verkörpern, der Vergangenheit angehören.

Die Auflage im Bundeskleingartengesetz, die nur den Bau von einfachen Lauben zuläßt, hat in der Praxis leider keine Auswirkungen auf eine Verminderung der Übernahmekosten, da der Gesetzgeber keine verbindliche Aussage über das Aussehen einer "einfachen" Laube macht.

In einigen Kolonien entwickelte sich ein schwarzer Markt für Kleingärten. Entweder mußte ein Bewerber den Kolonievorstand schon recht gut kennen, oder Vor- und Neupächter waren sich (auch über schwarz gezahlte Abstandsforderungen) handelseinig. In einem solchen Fall mußte nur noch der Vorpächter seine oftmals gut entwickelten Beziehungen zum Kolonievorstand spielen lassen ...

Eine selbstgebastelte Laube, die im Laufe der Zeit durch kleine Anbauten erweitert worden ist, hat ihren 'individuellen Reiz'

DER TREND ZUM PFLEGELEICHTEN UND NORMIERTEN WOCHENENDHAUSGARTEN

Nach getaner Arbeit ist gut ruhen

Auch wenn – wie zuvor beschrieben – heutzutage viele Kleingartenkolonien noch Orte sind, wo sich individuelles Organisationstalent und Improvisation ausleben lassen, so ist doch der Trend zum pflegeleichten Kleingarten in Berlin überall feststellbar. Die traditionelle Kleingartenbewirtschaftung, die gärtnerisches Geschick und beträchtlichen Arbeitsaufwand erforderten, verschwindet immer mehr zugunsten pflegeleichter Lösungen. Die Technisierung und Technikprodukte haben auch in den Kleingartengebieten Einzug gehalten. Wie das Familienauto, so wird auch der Kleingarten zum Statusobjekt; je komfortabler die Ausstattung, um so größer das Ansehen in Kolonie und Freundeskreis: Kleingärten werden zu Luxusparzellen, nach dem letzten Stand des Freizeitdesigns mit den raffiniertesten gartentechnischen Finessen ausgestattet.

Das angestrebte Ideal vieler Gartenfreunde ist das Einfamilienhaus mit pflegeleichtem Hollywoodgarten: Klein-Dallas im Grünen. In den Hochglanzbroschüren der Bausparkassen wird mit diesem Ideal geworben: die möglichst aus sich selbst funktionierende, saubere Wohnwelt aus Einfamilienhaus, Garage, Koniferenvorgarten und Rasengarten. Der durchschnittliche Rasenanteil der Berliner Kleingärten von 35 Prozent spricht da eine deutliche Sprache, wie der hohe Anteil von Terrassen und Wegeflächen (8 Prozent). Rechnet man die beträchtlichen Koniferenflächen hinzu, so summiert sich der durchschnittliche "pflegeleichte" Anteil auf über 50 Prozent. Viele Kleingärten bestehen heute schon ausschließlich aus Rasen und Koniferen.

Die Gartenindustrie ist ein potenter Wirtschaftsbereich, der demnächst jährlich mehr als 10 Milliarden DM umsetzen wird. In einem gigantischen Werbefeldzug werden immer neue Gerätschaften, Mobiliare, Pflanzenzüchtungen, Dünger, Gartenzubehörteile, Unkrautvernichtungsmittel, Blockhäuser usw. feilgeboten.

Tischtennis im Garten

Der moderne Freizeitgärtner kommt – anders als der traditionsbewußte Parzellennachbar – nicht mehr mit einfachem Handrasenmäher, mechanischer Heckenschere oder schlichtem Spaten aus. Der Garten wird nicht mehr als ein spannender Improvisationsraum angesehen, sondern als eine gut geölte Maschine, die möglichst von selbst funktioniert. Rasenflächen werden nicht mehr mit dem Gartenschlauch, sondern mit unterirdisch angelegten Systemen automatisch bewässert. Für und gegen alles gibt es chemische Wundermittel in Form von Wuchs- und Vernichtungsstoffen.

Der Gartenschriftsteller *Jürgen Dahl* beschrieb den Trend zum automatischen Garten 1984 so: *"Das Fatale (...) ist, daß sie so vorzüglich funktionieren; damit fördern sie den Eindruck, es müsse alles im Garten 'funktionieren' und es komme nur auf die Wahl der Mittel an, um durch das Ausstreuen geeigneter Materialien den pflegeleichten Garten in Gang zu halten, der Natur auf die Sprünge zu helfen, den Erdbeeren durch das Ausstreuen von Erdbeerendünger, den Koniferen durch das Ausstreuen von Koniferendünger, den Rosen durch das Ausstreuen von Rosendünger – und so weiter mit Rasendünger, Azaleendünger, Rhododendrondünger. (...) So nähert sich denn die Garten-Wirklichkeit ganz langsam und unauffällig der Vision der Zubehörfabrikanten an, und nach allem, was man aus dem bisher Geleisteten und Angebotenen interpolieren kann, sieht diese Vision vom Garten der Zukunft so aus, daß ein ausgeklügeltes System von Reservoirs, Mischbatterien, Zuleitungen, Zeitschaltuhren, Spritzdüsen und Sickerschläuchen die Einhandbedienung der vollautomatischen Anlage ermöglicht, zweckmäßigerweise von einem in der Kellerbar angebrachten Armaturenbrett aus: der pfle-*

Supergepflegter Rasen

geleichte Garten in seiner wahren Vollendung, mit Gangschaltung, Programmwahltasten und Ersatzteilservice".

Da die Berliner Kleingärtner immer mehr dem gutsituierten Mittelstand angehören, ist in den Kolonien auch das nötige Geld vorhanden, diesem Trend zu folgen:

Die durchschnittlichen Ausgaben in den Berliner Kleingärten waren im Jahre 1983 beträchtlich, mit deutlich steigender Tendenz. Gut 400 DM investierte jeder Gartenfreund in seine Parzelle, wobei die teilweise enormen Ausgaben für die Kleingartenmöblierung noch nicht mitgerechnet sind. Addiert man diese Beträge, so ergibt sich auf Berlin bezogen eine Summe von ungefähr 20 Millionen DM, für den heimischen Gartenbau und die Zubehörfirmen durchaus ein interessanter Markt.

Wie weit der Trend zum pflegeleichten Garten fortgeschritten ist, läßt sich am Beispiel des Koniferengartens auf den Punkt bringen. Abermillionen von Blaufichten, serbischen Fichten, Japan-, Colorado- und Koreatannen, japanischen Lärchen, Scheinzypressen, Tränenkiefern oder Hemlocktannen, samt diversen Züchtungen und Zwergformen finden sich in Privatgärten wie Kleingartenparzellen. Sie entspringen einem Schönheitsempfinden, das sauber mit schön gleichsetzt und die abfallenden Blätter der heimischen Laubbäume als Unrat aus dem Gartenbereich fernhalten möchte. *Wolf Jobst Siedler*, Berliner Publizist und Architekturkritiker, beschreibt die Vertreibung der Laubbäume so: *"An Stelle von Bäumen legt man gern Beete in freien Formen mit zwergwüchsigen Nadelgehölzen und anderen niedrigen, immergrünen Gewächsen an. Die beliebten Straßen-, Park- und Gartenbäume des neunzehnten Jahrhunderts waren noch: Eibe, Zirbe, Stieleiche, Rotbuche, Ahorn, Sommerlinde und die gemeine Roßkastanie. Von diesen Bäumen erwartete man, daß sie wuchsen. Heute pflanzt man Kriechgewächse, von denen man weiß, daß sie nicht wachsen".* Vielleicht entsprechen die Koniferen einer verklärten Sehnsucht nach Romantik, die sich ausgerechnet die eintönige Fichte als Weihnachtsbaum ausgesucht hat.

Der Koniferenanteil nimmt zu

Mit den "Edeltannen" ist außerdem eine Art Sozialprestige verbunden. *"Die Koniferen, die nirgendwo in unserer Landschaft wachsen, als in den Gartencentern (Dieter Wieland)"* werden zum lukrativen Geschäft: *"Wie Hans im Glück taumelt der Gartenbesitzer durch das bunte Glanzpapier-Schlaraffenland der Prospekte oder bepackt sich (...) auf den Pflanzen-Supermärkten der Garten'center' bei Lautsprecheransage und leichter Hintergrundmusik mit Gewächsen. (...) Ohne Geschmack, ohne Kenntnis, ohne Lizenz kann jeder pflanzen, was er will. (...) Sind das die "Natur" und das "Grün", nach denen man sich so viele Jahre und Jahrzehnte gesehnt hat? (...) Ist das die Spiel- und Erlebniswelt, die man seinen Kindern bereiten wollte? Kein Baum, auf den man klettern kann, kein Gebüsch zum Verstecken, kein verstecktes Veilchen, keine dicke Hummel und keine Biene, kein Schmetterling, kein Käfer und keine Zwetschge. Nichts von all dem. Koniferen, Jägerzaun, Hollywoodschaukel, Heimgrill. (...) So steril ist die neue Gartenwelt, daß dort selbst die Jungen von Alltagsvögeln aus Futtermangel verhungern" (Rüdiger Disko).*

Reine Koniferengärten sind in den alten Berliner Kleingartenkolonien bisher allerdings noch wenig zu finden, obwohl der Koniferenanteil zunimmt. In knapp 60 Prozent der Berliner Kleingärten gibt es Koniferen: Durchschnittlich in jedem Berliner Kleingarten drei Nadelbäume mit einer Höhe von drei Metern, gegenüber neun Obstbäumen. Vielleicht kann durch die Beschränkung des neuen Berliner Musterpachtvertrages (höchstens 10 qm Koniferenanteil pro Parzelle) der Trend wieder umgekehrt werden.

Daß die Gartengestaltung, immer mehr auf reine Erholung ausgerichtet ist, zeigt sich auch an den Veränderungen der Kleingartenlauben, die oft an Schwarzwaldhäuschen oder Wochenendhäuser erinnern:

Je häufiger der Pächter mit seiner Familie sommertags im Kleingarten übernachtet, desto größer und luxuriöser baut er seine Laube aus. Im Durchschnitt hat die Berliner Laube eine Größe von 27 qm und liegt damit nur unwesentlich über den vom Gesetzgeber festgelegten 24 qm. Die Lauben jedoch, die im Sommer die ganze Woche über bewohnt werden, gleichen mit ihren 38 qm von Größe und Ausstattung her richtigen Wochenendhäusern. Faktisch dürften gegenwärtig rund 20 Prozent aller Berliner Kolonien, obwohl sie planungsrechtlich als Kleingartengebiete ausgewiesen sind, tatsächlich Wochenendhausgebiete sein.

Zur repräsentativen Laube gehört eine entsprechende Einrichtung: der elektrische Anschluß ist selbstverständlich, mit dem Fernseher, Kühlschrank und Waschmaschine betrieben werden. Sogar Telefonanschlüsse sind in Berliner Kleingartengebieten oft zu finden. In manchen Kolonien gehören auch schon Garagen zum typischen Erscheinungsbild.

Investitionen im Kleingarten pro Jahr

Kostenfaktor	durchschnittl. Ausgaben in DM pro Garten	Summe in DM für Berlin (West)
Pflanzen	103	4.952.000
Mineraldünger	51	2.452.000
org. Dünger	45	2.163.000
natürlicher Bodenverbesserer	55	2.644.000
künstlicher Bodenverbesserer	9	433.000
Schädlings- und Unkrautbekämpfungsmittel	23	1.106.000
Sonstiges	121	5.817.000
Gesamtsumme	407	19.567.000

Den Trend zum uniformen Kleingarten verstärken noch einige gutgemeinte Bestimmungen des Bundeskleingartengesetzes und der neuen Berliner Musterpachtordnung. Während man durch die Festsetzung von Ausstattungsgrenzen den Trend zum Luxusgarten stoppen und zugleich wieder ein traditionelles Kleingartenbild in den Kolonien fördern möchte, beschränkt diese Normierung zugleich auch die eigengestalterischen Aktivitäten. Dies ist in den neuen Kleingartenkolonien – aber auch schon in älteren Kolonien – heutzutage deutlich spürbar: die vorgefertigten, genormten Holzblockhäuser der Fertigbauindustrie halten Einzug. Durch die Größenbeschränkung auf 24 qm und die erforderliche Baugenehmigung werden Lauben "Marke Eigenbau" immer seltener. Welcher Gartenfreund ist denn schon in der Lage, sich an die Ansprüche des Baugenehmigungsprozesses genau zu halten? Die 'Laube von der Stange' wird zur Regel. Laubenkonstruktionen mit vielfältigen Anbauten, die sich über Jahrzehnte entwikkelt haben, verschwinden, da nach den Bestimmungen des neuen Musterpachtvertrages Anbauten oder Nebenanlagen unzulässig sind. Damit wird ein wesentlicher Eigengestaltungsbereich beschnitten, ein typisches Stück Berliner Milieu verschwindet.

Bei der Umsetzung der neuen Bestimmungen gehen übereifrige Kleingartenbezirksverbände mit kleinlichem Beispiel voran. Sie wenden den § 9, Abs. 2 des Berliner Musterpachtvertrages restriktiv an, der da lautet: "Nicht rechtmäßig errichtete Lauben sind auf die zugelassene Größe zu reduzieren". Etwas mehr Gelassenheit sei Verwaltungsbehörden und Kleingartenverbänden bei der Umsetzung der neuen Bestimmungen gewünscht, sonst könnte das 'Kind mit dem Bade ausgeschüttet werden' und die neue Musterpachtverordnung das Gegenteil der gewünschten Absicht bewirken: Der Trend zum Luxusgarten wird gestoppt zugunsten der Entwicklung zum Einheitsgarten. Während andernorts in den Stadtgebieten die Denkmalpflege angestrengt versucht, die letzten historischen Restbaulichkeiten zu erhalten, geht man ohne öffentlichen Widerspruch daran, die letzten Farbtupfer der Laubengestaltungen abzureißen.

In ökologischer Hinsicht bedeutet die fortschreitende Reduktion des Pflanzenbestandes auf nur wenige pflegeleichte Arten eine weitere Verarmung unserer natürlichen Umwelt. Es bleibt zu hoffen, daß dieser Trend durch Veränderungen der Gartenmotivation hin zum ökologisch angepaßten Garten gestoppt wird. Zum Glück gibt es ja auch gegenläufige Entwicklungen im Bewußtsein vieler Gartenfreunde, die auf einen ökologisch angepaßten Garten hinzielen. Ermutigend ist in diesem Zusammenhang die Praxis, auf Insekten- und Unkrautvernichtungsmittel zu verzichten. Ökologische Gartenbewirtschaftung ist in den Nutzgartenparzellen zudem alte Tradition. Beispielsweise gibt es in 80 Prozent aller Kleingartenparzellen Komposthaufen, die der Wiederverwertung organischen Materials dienen. Vielleicht greift in diesem Zusammenhang auch der neue Berliner Muster-Zwischenpacht-Vertrag. Er verbietet den Herbizideinsatz und beschränkt die Anwendung von Pflanzenbehandlungsmitteln auf das notwendige Maß.

Dieser Komposter weist auf ökologisch gesonnene Gärtner

Die traditionellen Leitbilder der Kleingartenästhetik verschwinden: Die sparsame Wiederverwertungsmentalität steht im Gegensatz zum modernen Konsumverhalten, die Lust an der Improvisation verebbt vor dem sauberen und sterilen Gesamtbild. Nicht mehr die Gestaltungstradition unterprivilegierter Bevölkerungsschichten bestimmt das ästhetische Erscheinungsbild der Parzellen, sondern vorproduzierte Gartenmoden. Ihnen muß man folgen, um seinen Garten vorzeigbar zu halten. Ein neu gestylter Kleingarten entsteht nicht allmählich aus dem bestehenden Garten: Wie das neue Bild an der Wand, so wird die neue Gartengestaltung als fertiges Produkt, samt Laube, Koniferensatz, Zaun und Pflegegeräte im Gartencenter erworben. Nach einigen Jahren wechselt dann wieder der Trend hin zu neuen Modepflanzen und neuen Gartenbildern.

Die sozialen Folgen des pflegeleichten und normierten Kleingartens dürften ebenfalls gewichtig sein: das Gärtnern als gesunde und kreative Tätigkeit wird immer mehr zur durchrationalisierten Kontrollarbeit, von der beruflichen Tätigkeit kaum noch unterscheidbar. Kleingärten sind dann keine Orte der aktiven Erholung und kein Ausgleichsraum für eine monotone Arbeits- und Wohnumwelt.

DIE VERDRÄNGUNG DER KLEINGÄRTEN AN DIE AUSSENSTADT

Der Kleingartenboom in Berlin setzte zur Jahrhundertwende ein und erreichte seinen Höhepunkt im Jahre 1925. Die Kolonien wurden in Nähe der neuen Wohnungsgebiete am Stadtrand und entlang der S-Bahn gebaut. So waren sie einerseits schnell erreichbar, andrerseits konnten Flächen, die für keine andere Nutzung verwertbar waren, von der Stadt Berlin mit dem größtmöglichen Profit verpachtet werden.

Die Grenze, um die sich die Kleingärten ansiedelten, war der innere S-Bahnring, der 1877 fertiggestellt wurde. Innerhalb der Innenstadtbezirke, Friedrichshain, Prenzlauer Berg, Mitte, Kreuzberg, Tiergarten und Teilen vom Wedding, von Schöneberg und Charlottenburg diente fast jeder verfügbare Quadratmeter dem spekulativen Wohnungsbau, so daß Kleingärten hier keinen Platz mehr fanden.

Etwa 40 v.H. der heutigen Kleingärten in Berlin (West) sind bis 1925 entstanden: Diese Kolonien liegen größtenteils am inneren S-Bahnring, der damit noch als historischer Kleingartengürtel Berlins bezeichnet werden kann.

Als nach 1925 viele neue Siedlungen der gemeinnützigen Wohnungsbaugesellschaften auch außerhalb des S-Bahnringes entstanden, bedeutete dies große Kleingartenverluste: die Kolonien mußten vor dieser profitableren Bodennutzung in die Außenbezirke ausweichen, wo sie die letzten landwirtschaftlich genutzten Flächen übernahmen. Diese Verdrängung von Kleingärten an die Stadtperipherie zugunsten von Wohnungsbau, Industrieansiedlungen und neuen Verkehrswegen hielt bis Anfang der sechziger Jahre an. Jetzt zeigte auch der Zugriff auf Kleingartengelände im Außenbereich kleingartenfeindliche moderne Stadtpolitik: Mit der Entstehung der großen Trabantenstädte fielen riesige Kleingartenareale, vor allem im Märkischen Viertel und am Falkenhagener Feld, der Planierraupe zum Opfer.

Auch der Entwurf zum neuen Flächennutzungsplan steht ganz in der Tradition, Kleingärten zugunsten anderer Nutzungen zu opfern. Tausende von Kleingärtnern werden ihren oft jahrzehntelang bewirtschafteten Garten räumen und diesmal vor allem dem Gewerbe und der Sportlobby weichen müssen. Etwa 100 ha Kleingartengelände sollen ersatzlos geräumt werden, für den Rest sollen landwirtschaftlich genutzte Flächen der äußeren Stadtrandzone als Ersatzgelände herhalten, womit wiederum die Vernichtung von Erholungsgebieten programmiert ist. Abgesehen von der Zerstörung gewachsener nachbarschaftlicher Beziehungen in den alten Kolonien ist diese Entscheidung auch freizeitpolitisch unsinnig: Die alten Kolonien, die oftmals unmittelbar im Einzugsbereich der Wohngebiete liegen, werden ihre Erholungsfunktion für Pächter wie für Besucher verlieren. Die Pächter, die nun auf den ehemals landwirtschaftlichen Flächen an der Stadtperipherie siedeln, müssen lange Anfahrtswege in Kauf nehmen, um ihre neue Parzelle zu erreichen.

Historischer Kleingartengürtel in Berlin (West)
Bestand 1980

Der Appell von Politikern und Verwaltung an die Kleingartenkolonien, ihre Anlagen für die Öffentlichkeit attraktiver zu gestalten, ist sicherlich notwendig, da hier noch viele Defizite zu beheben sind. Andrerseits ist dieser Appell nur sinnvoll, wenn die Kleingartengebiete für die Berliner Bevölkerung auch erreichbar sind.

Die sich durch die Berliner Kleingartengeschichte ziehende Verdrängung der Kolonien an die Stadtperipherie hat zur Folge, daß die meisten Kleingärten heute in Reinickendorf und Neukölln zu finden sind. Die Bezirke Kreuzberg und Tiergarten besitzen hingegen so gut wie keine Kleingärten. Daß die Versorgung im Innenstadtbezirk Charlottenburg ausnahmsweise als relativ gut zu bezeichnen ist, liegt an dem für die Berliner Kleingärtner vorbildlichen Kampf der Charlottenburger Gartenfreunde um jede Parzelle.

Die zur Innenstadt abnehmende Versorgung der Bevölkerung mit Kleingartenfläche zeigt die folgende vergleichende Graphik: Im Durchschnitt entfallen auf jeden Einwohner in Berlin (West) 10,3 qm Kleingartenfläche, in Charlottenburg 18 qm, in Neukölln 16 qm, in Reinickendorf 15,3 qm und in Spandau 12,5 qm, in Tiergarten, Kreuzberg, Wedding, Wilmersdorf, Schöneberg und Zehlendorf aber weniger als 6,5 qm.

Die Bewohner der Innenstadtbezirke haben daher größere Wege zu ihrem Kleingarten zurückzulegen. Nur ungefähr ein Drittel aller Berliner Kleingärtner kann ihren Garten von der Wohnung aus bequem zu Fuß oder mit dem Fahrrad erreichen. Mehr als ein Fünftel muß heute schon Wege von mehr als sechs Kilometern zwischen Wohnung und Parzelle zurücklegen; diese Entfernungen werden in Zukunft noch deutlicher ansteigen. Die meisten Gartenfreunde sind dann auf einen PKW angewiesen, da die Außenbezirke nur sehr unzureichend an das öffentliche Nahverkehrssystem angeschlossen sind.

Bei diesen großen Entfernungen übernachten die Gartenfreunde natürlich öfter in ihrer Laube, die entsprechend ausgebaut wird und somit eher einem Wochenendhäuschen ähnlich wird, eine vom Berliner Senat beklagte, aber nicht ganz unverschuldete Konsequenz.

Die Versorgung der Berliner Wohnbevölkerung mit Kleingartenfläche

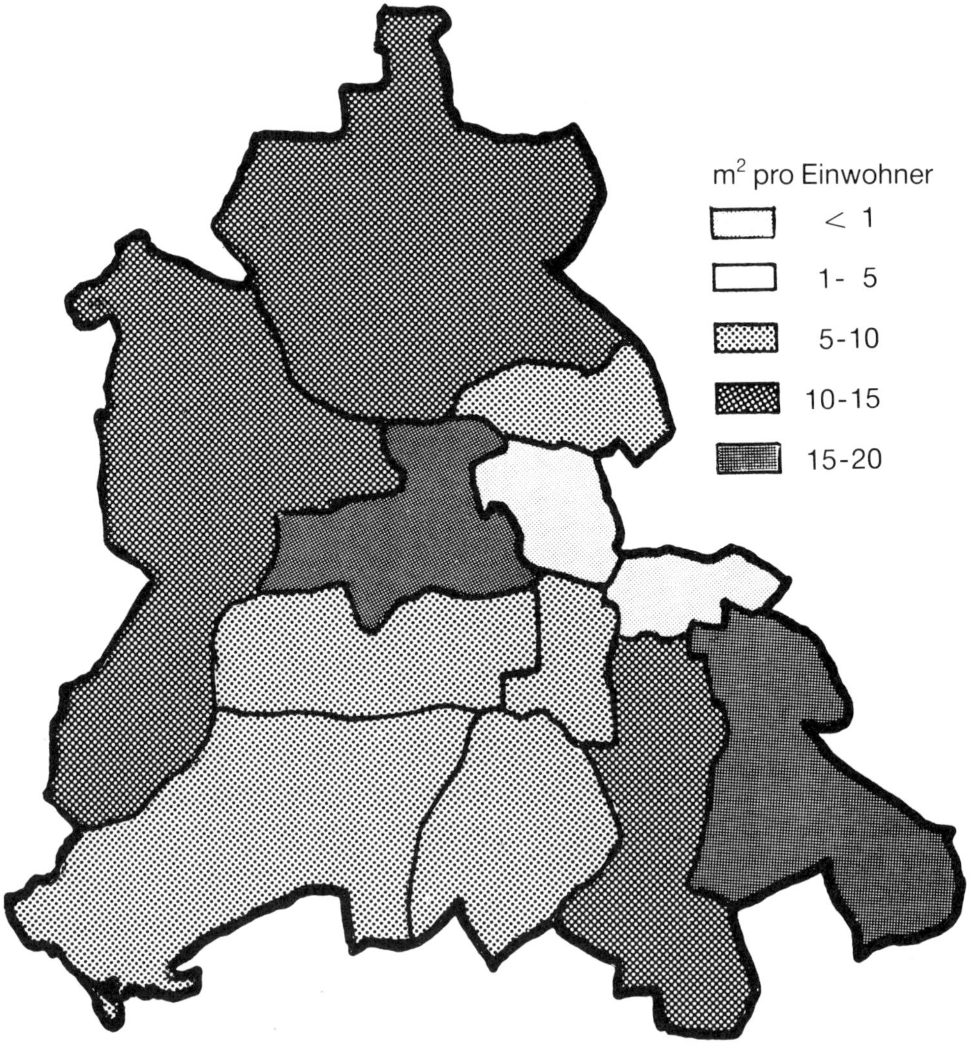

PERSPEKTIVEN FÜR DAS BERLINER KLEINGARTENWESEN

In den vorhergehenden Kapiteln wurde die Entwicklungsgeschichte des Berliner Kleingartenwesens skizziert, seine heutige Bedeutung beschrieben sowie aktuelle Problemfelder erörtert. Im folgenden sollen nun seine Zukunftsperspektiven in Berlin aufgezeigt werden. Dabei kann es natürlich keine interessenfreie Position geben. So unterschiedlich die Belange der verschiedenen Gruppierungen sind, die mit dem Kleingartenwesen als Pächter, Verwaltung, Politiker, Nutzungskonkurrent oder erholungssuchende Anwohner zu tun haben, so unterschiedlich ist auch deren Einschätzung:

– Für die Industrie, den Wohnungsbau, das Verkehrswesen und andere Nutzungskonkurrenten sind Kleingartengebiete nach wie vor Flächen, die sie später evtl. für ihre Ansprüche umwidmen können.
– Stadtplaner sehen im Kleingartenwesen eine beachtenswerte, letztlich jedoch disponible Zwischennutzung, die im Bedarfsfalle anderen Interessen untergeordnet werden kann.
– Für viele Politiker in dieser Stadt sind die Kleingartenflächen einerseits eine Manövriermasse, die bei neuen größeren Bauvorhaben als Flächenreservoir ins Gespräch gebracht wird.

Kleingärtner in zwangloser Gemeinschaft

Andererseits stellen die Kleingärtner ein ernstzunehmendes Wählerpotential dar, das es nicht zu verärgern gilt.
– Für viele erholungssuchende Berliner sind Kleingartengebiete tatsächliche oder potentielle Erholungsgebiete, allerdings oftmals unzureichend geöffnete und erschlossene.
– Die Kleingartenpächter sehen in ihren Kolonien gewachsene Heimatbereiche, die es in jedem Fall zu verteidigen gilt.
– Die vielen Bewerber für einen Kleingarten haben das Interesse, möglichst rasch eine preiswerte Parzelle zu pachten: Sie sind an einer Ausweitung der Kleingartenfläche interessiert.

Die jeweilige Interessenlage ist vor dem Hintergrund der besonderen geographisch-politischen Situation von Berlin (West) zu sehen, einer Stadt, die "aus allen Nähten platzt", die ihre zusätzlichen Flächenansprüche nicht ins Umland verlagern kann. Eigentlich müßte Berlin unterkellert werden, um allen aktuellen Flächenansprüchen genügen zu können.

Die komplizierte Interessenskonstellation bewirkte, das hier keine langfristigen verbindlichen Konzeptionen erarbeitet wurden. Immer dann, wenn neue Stadtentwicklungsschübe anstanden, erinnerte man sich des Kleingartenwesens als Flächenreservoir. Bis in die sechziger Jahre hinein standen die Gartenfreunde diesem Verdrängungsprozeß hilflos, ja ohnmächtig gegenüber. Starteten sie Versuche, ihre Parzellen zu verteidigen, so wurde ihnen vorgeworfen, daß sie den wirtschaftlichen Aufbau torpedieren. Erst in den siebziger Jahren gelang es ihnen, erste Erfolge bei der Verteidigung ihrer Parzellen zu erzielen. Trotzdem blieben sie immer – auch jetzt noch – reagierend, man wehrte sich, wenn das Kind bereits in den Brunnen gefallen

war, d.h. wenn Kündigungen anstanden. Den Gartenfreunden und ihren Sympathisanten fehlt eine verläßliche Zukunftsperspektive. Eine Folge davon ist das starke Mißtrauen dieser Bevölkerungsgruppe gegenüber allen stadtplanerischen Entscheidungen. Die Politiker sind unsicher, wie sie sich bei dieser Güterabwägung zwischen Wählerwerbung und wirtschaftlichem Interesse verhalten sollen. Daher bleibt der planerische Umgang mit den Kleingärten nach wie vor von Tagesentscheidungen ohne ein umfassendes Konzept gekennzeichnet. Daran ändert auch nichts der Entwurf zum neuen Flächennutzungsplan, der die Kleingärten wieder als Manövriermasse betrachtet und zu einer Vernichtung und Verdrängung wertvoller Kleingartenflächen führen würde. Noch immer hat der Senat keinen Kleingartenentwicklungsplan aufstellen lassen, der für Politik und Planung verbindlich ist. Ein derartiges Kleingartenentwicklungsprogramm könnte allen Akteuren Planungssicherheit geben und damit dazu beitragen, das Mißtrauen zwischen Verwaltung und Politik auf der einen und den Gartenfreunden auf der anderen Seite abzubauen.

Trotz der unterschiedlichen Interessenlage gibt es eine Entwicklungsperspektive für das Berliner Kleingartenwesen, die zwar von allen

Gruppierungen Abstriche verlangt, letztlich aber konsensfähig ist. Sie müßte vor allem die folgenden Punkte berücksichtigen:

1. Für die gesamte Berliner Stadtentwicklung muß der Grundsatz gelten, daß die bestehenden Flächenanteile in etwa bestehen bleiben. Das in einer vierzigjährigen Ausnahmesituation entstandene Flächenverhältnis von Bauflächen und Freiflächen darf nicht weiter zuungunsten des Grüns verschoben werden, dies hätte negative ökologische und soziale Folgen. Bei der unvermehrbaren Fläche Berlins und der besonderen politisch-geographischen Situation muß die Zukunft der Stadtentwicklung im Flächenrecykling liegen: Die Entwicklung der einzelnen Nutzungen muß sich weitestgehend auf ihrem derzeitigen Terrain vollziehen. Wo es stadtplanerisch absolut notwendig erscheint, bestehende Freiflächen zu überbauen, müssen an anderer Stelle im Stadtgebiet Bauflächen zurückgebaut werden. Dies muß auch gelten für Gewerbe, Industrie und Wohnungsbau; Baulücken sind auszufüllen, vorhandene Industrieflächen besser und flächensparender auszunutzen.

2. Bestehende Kleingartenkolonien sind als Dauerkleingärten zu sichern. Nicht die derzeitige Zahl von Parzellen, (wie es die erklärte Politik des Senates ist) ist zu erhalten, sondern der derzeitige Bestand an kleingärtnerisch genutzter Fläche. Sonst müßten die Gartenfreunde auf immer kleineren Parzellen immer enger zusammenrücken: Wenn Kleingärten auf 'Handtuchgröße' schrumpfen (unter 250 qm), können sie weder ihre soziale noch ökologische Funktion erfüllen.

3. Der räumliche Verdrängungsprozeß der

Kleingärten an die Stadtperipherie muß gestoppt werden. Bei Kleingärten handelt es sich zwar um eine flächenbeanspruchende Nutzung, vor allem aber um Heimatbereiche. Heimat(t)räume sind über Jahrzehnte gewachsen. Sie kann man nicht mit ihren Bewohnern im Stadtgebiet hin und her schieben. Dies muß politisch anerkannt und planerisch respektiert werden.

4. Das Kleingartenwesen in Berlin muß allen Bevölkerungsschichten, vor allem den sozial Schwächeren offenstehen. Das Aufschaukeln der Übernahmepreise, das die Kleingartenpacht für Schlechtverdienende unmöglich macht, muß gestoppt werden. Das im neuen Bundeskleingartengesetz vorgesehene Instrument der Laubengrößenbegrenzung ist fragwürdig. Auch auf kleinen Lauben läßt sich viel Luxus verbauen. Mit den selbstgezimmerten nicht genormten Lauben geht ein Stück Gestaltungsqualität, ein Stück Berliner Milieu verloren. Sozial gerechter und wesentlich einfacher zu handhaben wäre eine sozial abgestufte Höchstsummenbegrenzung bei Parzellenübernahmen. Die Höchstsumme von DM 5000 dürfte nicht mehr überschritten werden. Für sozial Schwache müßten geringere Summen gelten, so daß sich jeder Berliner einen Kleingarten leisten könnte.

5. Die im Kleingartenwesen üblichen Verwaltungsverfahren müssen entbürokratisiert werden, damit sie flexibler gehandhabt werden können. Unterhalb der planungsrechtlich verbindlichen Ebene des “Dauerkleingartens” muß es individuelle Formen kleingärtnerischer Nutzung geben. Nicht jeder, der sich gärtnerisch betätigen möchte, verlangt nach der rechtlich abgesicherten Parzelle mit all ihren Verpflichtungen. Gartenliebhaber, die nur vorübergehend in dieser Stadt leben, die plötzlich viel zu viel Zeit ha-

ben (Arbeitslose, Frührentner usw.) oder die eine eigene besondere Gartenkultur mitbringen (ausländische Berliner), müssen ihren Anspruch auf privat nutzbaren Freiraum rasch und unbürokratisch realisieren können. Auf brachliegenden Flächen könnte als eine Art Zwischennutzung kleingärtnerisch genutztes Gelände entstehen. Dies würde sowohl die Nachfrage nach Dauerkleingärten entlasten, als auch den Landverpächtern eine ökonomisch sinnvolle Zwischennutzung ihrer brachliegenden Gelände ermöglichen.

6. Auch innerhalb der bestehenden Dauerkleingartenkolonien sind individuelle Lösungen zu fördern, die sich an der individuellen Situation der Gartenfreunde orientieren. Kleingärtner, die über Großparzellen (mehr als 500 qm) verfügen, könnten durch finanzielle Anreize veranlaßt werden, ihre Parzelle zu teilen und damit einem weiteren Pächter eine Gartennutzung zu ermöglichen. Ältere, denen es schwer fällt, ihre große Parzelle zu bewirtschaften, könnten zu einem unbürokratischen Parzellentausch, womöglich mit kinderreichen Familien, ermuntert werden. Organisatorisch wäre dies beispielsweise über eine Art kleingärtnerische Tauschbörse realisierbar, auf der Interessenten und Pächter individuelle Lösungen aushandeln. Insgesamt könnten so die bestehenden Kleingartenkolonien einige tausend neue Gartenfreunde aufnehmen, ohne daß damit genormte Einheitsparzellen entstehen müßten, die als Folge der politischen Größenbegrenzung auf 250 qm zu befürchten sind.

7. Die Öffnung aller Kleingartengebiete für Besucher muß zur Selbstverständlichkeit werden. Abgeschlossene Kleingartenkolonien sollten endgültig der Vergangenheit angehören. Die Gestaltung des öffentlichen Bereiches der Kolonien darf den Besuchern nicht mehr das Gefühl vermitteln, lästige, nur geduldete Gäste zu sein. Wie es in Berlin Hofbegrünungsprogramme gibt, die die Innenhöfe der Mietskasernen nutzbarer und grüner machen, so könnte es auch Kleingartenbegrünungsprogramme geben, die den öffentlichen Koloniebereich für Anwohner attraktiver machen. Interessierte Kleingartenvereine sollten sich an den Senat wenden können, um dort fachliche Beratung und finanzielle Hilfe zu bekommen. Ohne großen finanziellen Aufwand würde damit die angespannte freiraumbezogene Erholungssituation in Berlin entlastet.

8. Auch durch die Bereitstellung von mehr Fachpersonal muß das Kleingartenwesen in Berlin von der Verwaltung aufgewertet werden. Obwohl ca. 5 Prozent der Berliner Stadtfläche kleingärtnerisch genutzt werden, gibt es auf Bezirks- und Senatsebene kaum hauptamtliches Personal, das sich um das Kleingartenwesen kümmert. Die vielfältigen Aufgaben der Zukunft verlangen auch einen höheren personellen Einsatz, um in enger Zusammenarbeit mit den Kleingartenverbänden die Kolonien attraktiver zu machen.

9. Das Berliner Kleingartenwesen muß als integrierter Bestandteil des gesamten privat nutzbaren Freiraumes in dieser Stadt verstanden werden. Verbessert sich die Ausstattung Berlins mit anderen Formen des privat nutzbaren Freiraumes, so entlastet dies gleichzeitig auch die Kleingartennachfrage. Mehr Mietergärten im Abstandsgrün der Satellitenstädte, mehr Dachgärten oder größere Balkons würden nicht nur die Lebensqualität in dieser Stadt verbessern, sondern auch manche Probleme im Kleingartenwesen mildern.

10. Das Berliner Kleingartenwesen muß als eigenständige Gartenkultur wissenschaftlich und künstlerisch ernstgenommen werden. Dazu gehört auch der Schutz von besonderen gestalterischen Qualitäten in Kleingartenkolonien. Die Denkmalpflege in dieser Stadt kümmert sich zwar intensiv um die historischen Leistungen der professionellen Architektur, die eigengestalterischen Traditionen vieler Berliner hingegen werden wenig beachtet: sie dürfen bei Parzellenwechsel abgerissen werden oder verschwinden mit der Abräumung der gesamten Kolonie. Anstelle der im neuen Berliner Musterpachtvertrag festgeschriebenen Normierung der Kleingartengestaltung sollten für historisch besonders wertvolle Kolonien Gestaltungssatzungen entwickelt werden, womöglich in Zusammenarbeit mit den Gartenfreunden. Damit bliebe Berlin als historische Laubenpieperstadt erkennbar. Für die Identifikationsmöglichkeit vieler Menschen ist dies weit wichtiger als die Erhaltung und Rekonstruktion pompöser Herrschaftsarchitektur, denn die farbenfreudigen Kleingärten gehören untrennbar zu dem, was man so gern als "Berliner Milieu" bezeichnet.